# レガシー・カンパニー5

世代を超える永続企業
その「伝統と革新」のドラマ

ダイヤモンド経営者倶楽部
［編］

# Legacy Company

ダイヤモンド社

―巻頭インタビュー―

# 文化を未来に受け継ぐことは人を育てるところから始まる

辻調グループ 代表　辻調理師専門学校 校長
辻 芳樹

## 重視したのは美味しい料理のつくり方ではなく教育の仕組みの体系化

「Docendo Discimus（私たちは教えることによって学ぶ）」

これは辻調グループの建学の精神です。1960年、大阪・阿倍野に辻調理師学校（現・辻調理師専門学校）を創設した、父・辻静雄が掲げたこの教育理念を柱に、私たちは本物の料理を伝え、その料理によって人を幸せにするプロを育てる教育に取り組んできました。

大阪読売新聞社社会部の記者として社会人生活をスタートさせた父は、その3年後、27歳の若さで同校を開校します。当時はまだ、料理人になるには封建的な徒弟制度のなかで厳しい修業を積むしかなかったころ。そこに開かれた調理師養成施設をつくる必然性があることに気づいたのです。

辻調グループ 代表
辻調理師専門学校 校長

## 辻芳樹

つじ よしき

1964年、大阪府出身。1993年学校法人辻料理学館 理事長、辻調グループ代表に就任。2000年九州・沖縄サミット首脳晩餐会の料理監修。2018年フランス政府より『フランス国家功労勲章』シュヴァリエを受章。2019年G20大阪サミットでは2度目となる首脳夕食会を監修。著書に『すごい！日本の食の底力～新しい料理人像を訪ねて～』（光文社）『和食の知られざる世界』（新潮社）『美食進化論』（共著、晶文社）『美食のテクノロジー』（文藝春秋）など。

父の人柄を端的に表現すると「ジャーナリスティックな研究者」と言えるでしょうか。一方で非常に信念が強く、アントレプレナー精神に満ちており、カリスマ的な指導力を発揮するとともに、適材適所に人を抜擢する能力にも長けていました。

開校の準備にあたっては、料理の実技を鍛えるだけでなく、その歴史や背景も遡って学ぶ必要があると考え、原書を取り寄せるなどその研究への没頭ぶりは凄まじいものでした。それも料理の世界だけでなく、社会・経済・芸術など幅広く網羅して。

その姿勢が、学校の指導方針に顕著に表れています。当時父は、最先端のフランス料理をそっくりそのまま日本に持ち込みましたが、重視したのは「美味しい料理のつくり方」ではなく、一つの料理を歴史からひも解き、教育の仕組みを体系化すること。「美味しいフランス料理を再現できる人をどう育てるか」がテーマだったのです。

例えば、付け合わせでよく使われるニンジンのソテー。料理教室であれば、ニンジンをどう切って、どれくらいの火力で何分調理するか、どんな調味料をどのタイミングで使うか。そういったことが学びの中心になるのではないでしょうか。

私たちの場合は、なぜニンジンはフランス料理で使われるのか、から始まります。ソテーすることでニンジンの成分はどう変化するか、ニンジンから水分が蒸発していくとはどういうことか。歴史や文化、食材に関する知識、科学的な裏づけなどまで、一つのお皿に100項目くらいのテーマを設定しています。

しかしそれらを一つひとつ網羅して、すべてを教科書に落とし込むことはできません。だからこそ、料理の方法を丸暗記するのではなく、勉強の仕方を学ぶことから始めていく。そして理論と実践を併せ持った料理人を育てていくのです。

即戦力というのは、店それぞれのやり方をしっかり理解し、自分なりの解釈ができる人材であるということ。この能力は現場では学ぶことが難しく、まさに学校で教えていくべき内容だと考えています。

このような私たちの方針から、教える側も多くが卒業生で構成されています。どんな授業の仕方をすればいいか、どこまで中身を掘り下げていくべきか。その感覚を暗黙の了解のなかで共有しているからです。

## 料理人の仕事は、世界を変えることができる社会的責任を強く持つもの

入学式や卒業式は、全学生に直接語りかけることができる貴重な機会であり、父も私もいつも全霊を込めて、この場で話すメッセージを考えています。そのなかでも共通した柱となる内容が「この業界以外の人と付き合え」ということです。

調理場の世界は狭い。そこだけで通じるナレッジで満足していてはいけない。そして料理人は人がいちばん贅沢している時に働く職業だから、意識して早くから付き合おうとしないと本当に周りに誰もいなくなってしまうと。

私が校長に就任して以降、より強く感じているのが、目まぐるしい時代の変化のなかで、飲食店経営で料理人に必要とされることのレベルが、いちだんと高くなっていることです。

かつては、「店をどう成功させるか」「美味しい料理をどう究めるか」、そのための理論や技術が中心でした。精緻な技、洗練された料理という点では、すでに日本は世界トップレベルにあると思います。しかし今は、それだけでは世界に通用しなくなってきました。

では何が重要かというと、「料理人は世界を変えることができる社会的責任が強い仕事である」といった自負の持ち方です。料理人の社会的地位が時代とともに向上し、いまや大きなプロジェクトのエンジンとして機能するまでになってきたからです。

さらにいえば、農林水産業や地域経済を守る存在であり、食の流通に携わる多くの関係者にとってなくてはならない存在であること。一方で、ＳＤＧｓの考え方も理解しなくてはいけません。特に働き方に求められる変化は顕著ですから、雇用の担い手として、どんな職場環境を構築していくかもとても重要です。

そのためにも私たちが教えるべきことは、こだわり、謙虚さ、探求心といった人としての意識の持ち方から、経営学や社会学といったアカデミックな知識。情報やトレンドの取り入れ方、調理技術の伝達手段などまで、その広がりは無限といえるほどにあります。

ガストロノミー（美食学）というのは皿の上だけ究めればいいというものではありません。これらをすべて包含することで成り立つのだと考えています。

## 伝統と革新は同時進行にあって、その両方を併せ持つことが大切

和食の人気は、いまや世界的なものです。さらに最近では、全国の郷土食にも注目が集まっていて、その広がりには大きな期待を寄せています。では日本らしさとは何か、地域らしさとはどういうものか。それは国や地域といった枠組みから生まれるものではなく、各個人の経験値の積み重なりから、感じとられるものではないでしょうか。

究めれば究めるほど、料理には料理人の年輪や人格が表れます。色合いや味わい、器選びな

どに自然と人柄が出てきます。日本で長く生活していれば、そこには当然日本的な要素が投影されます。そう考えると〝日本らしさ〟とは、実はそうして積み上がった時代の平均値と捉えることができます。

しかし最近は変化のスピードが速くなりすぎた結果、平均値というものがわかりにくくなっている。それは〝らしさ〟すなわち国民性が希薄化することであり、非常に危惧しています。

SNSが生み出すポピュリズムも、最近の気になる動きの一つです。もちろん情報として正確である部分も多いですし、一概にSNSを否定する必要はありません。上手に付き合っていくことも大切です。しかし飲食店の今の経営の後押しをすることはできても、文化を育てていくまでの力はまだない。ですから、ジャーナリズム的なインフルエンサーが出てこないかなという期待を抱いています。

一方で、面白い動きもあります。それは料理を創造する入り口が増えてきたことです。例えば海を見て山を眺め、自然に向き合って食を考える。そんな人は、以前はほとんどいなかった。ところが、農家を訪れ、食材を手に取り、そこからインスピレーションを感じ取り、食の原点に立ち返る人が増えてきた。その動きは楽しみですね。

まさに今、世界はコロナ禍に苦しんでいますが、実は私たちの学校に依頼を出すようなお店からの求人ニーズはそれほど減っていません。強い組織は、コロナになって慌てて策を練るのではなく、コロナに関係なくいつも変わり続けなくてはいけないという意識を強く持っている。その差が経営にも表れるのではないでしょうか。

ですから最近は、「どう生き残るか」も重要なテーマに掲げています。グローバルな視点で、多様な食文化を理解するとともに、そこにどんな競争のカタチがあるかを考える。伝統と革新は同時進行にあるべきもので、どちらも大切なんだということなどもよく語っていますね。

こういう時代だからこそ、教える側のレベルをいっそう昇華させていかなくてはならない。それがいちばんの使命であり難しいところです。すべては人を育てることから。どれだけの人を育てることができるかが、文化の継承にとって何より重要になるからです。

**辻調グループ**

1960年に大阪市阿倍野に開校した辻調理師学校に始まり、現在は「辻調理師専門学校」「辻製菓専門学校」など国内外に計6校を運営する日本最大の「食」の総合教育機関。これまでに約14万人の卒業生を輩出する。750冊以上の書籍を出版し、料理や文化に関する2万冊の書籍を所有するほか、多数のメディア協力、国際的な食事会での料理監修など、食文化の発展につながる活動にも幅広く取り組んでいる。

本文中の企業データは２０２０年９月末現在のものです。

# レガシー・カンパニー5

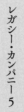

創業219年

# 鈴与グループ

# 物流を基盤に世界140社超の企業グループを形成200年の歴史を「共生」の理念とともに紡ぐ

代表取締役会長 鈴木与平

遡ることおよそ200年前、初代鈴木与平が静岡県清水で立ち上げた回漕問屋から、鈴与グループの歴史が始まった。以来、静岡の経済・社会の発展とともに歩み、いまや物流からエネルギー、建設、食品、航空などへと事業領域を拡大。140社からなる巨大企業グループを形成し、活躍の舞台を世界に広げている。この飛躍的な成長の歴史をひも解くと、そこには「共生（ともいき）」と呼ばれる、脈々と受け継がれてきた揺るぎない理念があった。

「事業を継承するということは、ガラス細工のようなもの。壊れやすくて脆い、そんな意識を常に持っていないといけません」。そう語るのは、1977年から2015年まで鈴与の社長として今日に至る大きな発展の礎を築き、現在は代表取締役会長として鈴与グループ全体の未来図の実現を主導する8代目鈴木与平だ。

グループ年商4800億円、従業員数約1万5000人にもなる企業のトップが、〝ガラス細工〟という言葉で自らの会社の歴史を表現することには驚かされるが、折も折、2020年は新型コロナウイルスの感染拡大により、予想もしなかった大きな危機に世界中が揺れた。

考えてみると200年という長い歴史を振り返れば、その間には開国や明治維新があり、世界規模での戦争が繰り返され、悲惨なまでの天災や恐慌、疫病の流行もあった。そんな激動の社会を生き抜いてきたからこそ、老舗企業としての同社の今があるわけだ。

「しかし、歴史の長さだけを誇りにする会社であってはいけない」と鈴木は言う。それぞれの時代に求められる形に〝体〟を変え、社会に貢献し一定の影響力を持ち続ける。それができてこそ長い歴史に意味が出てくるのだと。

その好例の一つが、グループの新たな中核事業に育ったフジドリームエアラインズだ。2009年に開港した富士山静岡空港には、実は地元からも不要論が強く、そのなかであえて航空事業に参入しようという同社の戦略には懸念を持つ者も多かったという。

しかし鈴木には持論があった。それは地方の地位をもっと上げていくこと。お互いに手を取り合って、文化のレベルを上げていくこと。そのためにも「Local to Local」をコンセプトに、日本各地を小型リージョナルジェット機で結ぶ、新たなビジネスモデルに挑戦したのだ。

開業時の静岡空港と小松、熊本、鹿児島間の運航を皮切りに、今では青森、花巻、山形、松本、出雲、高知などの各都市にも路線を拡大し[*1]、早期黒字化も実現した。全16色の色鮮やかな機体が日々空に飛び立ち、地域と地域の架け橋を担うべくその存在感を高めている。

このように、静岡県初の空港の立ち上げに寄与することは、図らずも「清水港の発展とともに歩み、成長を担ってきた」同社の歴史を現代に再現するもので、「時代に合わせて形を変え、社会に貢献する」企業の姿勢を、見事に表しているといえるだろう。

## 清水港の発展を担い、地域の産業や経済の成長とともに歩む

静岡県の名産と聞くと、真っ先に思い浮かべるのはお茶だろうか。あるいは温州ミカン、日本一の水揚げ量を誇るマグロ、工業製品であればオートバイやピアノなども挙がるだろう。清水港はこれらの地域産品の輸移出や、国内・海外からの輸移入の重要拠点であり、その発展の過程は取りも直さず同社が運んできた取扱貨物の変遷でもある。

１８０１（享和元）年、問屋株を譲り受けた初代与平が「播磨屋」として廻船問屋を創業したのが同社の歴史の始まりだ。初期のころはお茶や塩、明治になると4代目与平のもと事業の多角化を図り、石炭なども扱う。一方、5代目就任直後の１８９９年に清水港は開港場指定を受け、近代港湾としての体裁を整えていった。

＊1　最大のターミナルである羽田空港にあえて乗り入れない独自の路線網を構築

（左上）昭和4年ころ、清水港新岸壁での初めての岸壁荷役後の集合写真。（右上）鈴与グループの新たな中核事業に育ったフジドリームエアラインズ。（左下）2020年1月、清水港に竣工された新興津国際物流センター外観

現在の企業グループの確たる基盤が構築されたのは6代目の時代だ。倉庫事業の法人化、再製塩事業、食品事業、機械製造などに着手し、大手の独占下にあった石油販売事業にも乗り出した。なかでも地域の水産資源の有効化を図るべく開発したツナ缶は、米国で爆発的な人気となった。

ここで注目されるのが、缶詰技術を地元の企業に無償で公開したことだ。それによって周辺では缶詰工場が相次いで設立され、大きな地場産業に育った。自らの利益以上に、地域経済の発展を重視する経営は非常に同社らしいといえる。

企業姿勢の基盤にある「共生」の精神も、このころ並行して形づくられている。仏教学者の椎尾弁匡師が提唱した「一切衆生は我等の友である。一草一木も共生の絆である」の思想に共鳴し、同社の家族主義に通ずるところから、社員の精神的

支柱として取り入れた。「200年以上にわたり私たちが数々の難局を乗り越え歩み続けて来られたのは、この精神を脈々と受け継いできたからだ」と鈴木は語る。

## 時代の変化に合わせて〝体〟を変え続けることができる強い企業グループを目指す

日本郵船に勤めていた鈴木が入社したのは1974年。「跡を継ぐことには最後まで葛藤があった」と言うが、「会社そして社員の将来のため、自分が矢面に立つべきだ」と覚悟を決める。その3年後、前社長の急逝により36歳の若さで社長に就任する。

「当時は高度成長期が終わり、第一次・第二次石油ショックの間の経済の転換期。成長の反動で綻びが生まれたグループの合理化と新しい仕事探しが何よりもの課題だった」とその苦労を振り返る。そしてあらためて「共生」の精神に立ち返り、「社会」「お客様・お取引先様」「社員同士、グループ各社」それぞれに向けた3本の軸にまとめ、新たな理念体系を確立する。

組織の再構築の進捗に合わせて、新たな事業にも積極的に乗り出す。なかでもDCと呼ぶロジスティクス領域を大きな柱に育て、港湾に依存しない事業モデルを確立。その後も「ニーズに合わせた横展開と、分社による専門化」を推し進め、鈴与、鈴与商事、鈴与建設、鈴与自動車運送の4社を中核とする企業グループを育て上げた。

一方、地域貢献を使命に置いた領域として、プロサッカーチーム「清水エスパルス」のサポ

＊2　ディストリビューションセンター。物流センターのこと

ートや、清水港周辺の活性化を目指した商業施設「エスパルスドリームプラザ」の経営などがあり、CSRでも「フェルケール博物館・清水港湾博物館」の運営など取り組みは多彩だ。
今後のテーマについて鈴木は「グループの中核企業それぞれがさらにグループ力を強化し、業界での競争力を高め、その専門性と相乗力でグループ全体を支えていく。そんな形に持っていきたい」と語る。「当社には伝統的に、自由にやらせる気風、新しいことに挑戦し任せていく社風がある。その強みを生かして、社会に必要とされる〝体〟を持ち続ける、強い組織そして人材づくりに力を入れていきたいと考えています」

Profile

**鈴木与平**（すずき よへい）

1941年、静岡県出身。1965年慶應義塾大学、1967年東京大学経済学部卒。日本郵船を経て鈴与に入社し、1977年に代表取締役社長就任、2015年から代表取締役会長。フジドリームエアラインズ代表取締役。

**鈴与グループ**

〒424-8703
静岡市清水区入船町11-1
☎054-354-3019
創業：1801（享和元）年
事業内容：物流・エネルギー事業からコンシューマー事業まで、約140社のグループネットワークを生かした事業を展開
https://www.suzuyo.co.jp

創業216年

## 秋田屋本店

# 日本最初の巣礎の開発を起点に養蜂業界の成長を牽引 はちみつの美味しさと価値を時代を超えて伝え続ける

代表取締役社長 中村源次郎

近代養蜂発祥の地であり、今なお国内の養蜂文化の中心を担う岐阜。この街で、長年にわたってマーケットの進化を支えてきたのが秋田屋本店だ。日本最初の巣礎《すそ》「いろは巣礎」の開発、西洋ミツバチの輸入や品種改良、「養蜂いろは新聞」を通じた情報発信など、その歴史が生み出した価値は非常に大きい。近年はさらに、はちみつを採り入れた食文化の提案、養蜂家の裾野拡大、ミツバチの機能を生かしたSDGsの実現など、業界のさらなる振興に力を入れる。

トースト専用はちみつ「雪白」をはじめ、ヨーグルト、グラノーラ、コーヒー、さらにはカレー向けなどまで、食べ方に特化して開発された「はちみつDAYS」シリーズ。最古の養蜂問屋である秋田屋本店ならではの、はちみつの新たな楽しみ方を提唱する商品だ。

例えばトースト専用はちみつには、国産バターがたっぷりと使われている。普通のはちみつのようにそのまま食べるには少し重たいが、トーストの熱が加わるときれいに溶け合い、俄然そのバランスの妙を実感できる。ヨーグルト向けは、レモンの花から採れた爽やかな酸味のあるものをベースに複数のはちみつをブレンド。さらにレモンを加えることで、ヨーグルトの酸味や甘味を引き立て、美味しくそして健康的な商品となっている。

このような「0・1パーセントの単位で調整する」絶妙な味のバランスこそが、「はちみつDAYS」の真骨頂だ。9代目の中村源次郎社長は、「普通のはちみつより明らかに相性がよいと自信を持っていえるもの。実際に食べた方《かた》が驚き、専用といわれて納得してもらえるレベルであることが老舗としての私たちの自負といえるでしょう」と、そのこだわりを語る。

## 「養蜂問屋であり、蜂育てのプロフェッショナル」として業界の進化を支える

創業は1804（文化元）年、初代中村源次郎が材木商を始めたことに端をなす。取り扱いの主となる秋田杉にちなんで「秋田屋」という屋号で事業を始めた。

大きな転機は1880年代。6代目と岐阜出身で日本を代表する昆虫学者・名和靖氏との出会いにより、ミツバチを飼育する巣箱・巣礎を開発したことだ。秋田杉を用いてつくった巣箱、そして「いろは巣礎」は、「きれいな巣がすぐにつくれ、リサイクルが可能。ミツバチが育ち花

粉をためるまでをスムースに実現できるもの」で、今なお市場のトップシェアを占めるほどに、画期的で先進的な製品だった。これを機に事業を養蜂分野に特化していく。

その後も、養蜂先進国のイタリアから西洋ミツバチを輸入し、日本の風土に合わせて品種改良した「秋田屋系優良種」を輩出したり、「養蜂いろは新聞」などを通じて、マーケットの啓蒙や技術の底上げに尽力したり。さらには自宅を宿泊の場として提供し、資金面の支援をするなど、絶えず養蜂家に寄り添い、「養蜂問屋であり、蜂育てのプロフェッショナル」という他に類を見ない立ち位置を生かして、養蜂が〝業〟として成立し得る環境をつくり上げていった。

このころ、専業養蜂家は貨車で九州から北海道へとミツバチとともに北上する転地養蜂だった。岐阜はその中間地点として資材やミツバチの調達に適しており、養蜂文化の先導役を担った同社の本社がＪＲ岐阜駅の目の前にあることは、その歴史を今に語り継ぐ象徴ともいえる。

そんなはちみつに対するイメージは、昔も今も「美味しく健康的で、貴重なもの」。しかしその普遍的な価値とは裏腹に、市場はいつも大きな変化にさらされてきた。

戦後の砂糖が手に入りにくかったころは、「はちみつがあれば何でも手に入るくらい」重宝されたものの、海外から砂糖の輸入が始まり価格が下落。さらに欧米から持ち込まれた腐蛆《ふそ》病*1が蔓延し、多くの養蜂家が廃業するなど「暗黒の時代」を迎えた。これらの対策のため、1955年に養蜂振興法が制定されるとまもなく市場は回復の兆しを見せ、パン食文化の拡大によっ

＊1　ミツバチの幼虫を侵す伝染病

（左上）大正時代の秋田屋本店店頭。（右上）食べ方に特化して開発されたはちみつの新たな味わい「はちみつDAYS」シリーズ。（左下）秋田屋本店養蜂場の様子。巣礎・巣箱から、分離器、養蜂着など、養蜂に必要な道具をすべて取り揃えている

てはちみつ消費量は増加する。半面、供給は海外に多くを依存し、国産品の割合は減少した。その後１９９０年前後に「はちみつレモン」の記録的なブームが起きて、需給がひっ迫したこともあれば、ＣＣＤ[*2]の被害にも何度も悩まされている。

このような激変の渦のなか、同社は新たに二つの軸で変化に強い事業モデルを確立してきた。

一つは、日本で初めて生ローヤルゼリーの医薬品製造承認を取得したように、付加価値の高い製品を追求してきたこと。もう一つが、現社長の中村が推進してきたＯＥＭ事業になる。

後者の中心はチアーパックと呼ぶ包装容器だ。粘度の高いはちみつを、手を汚さず取り出せるように開発したものだが、この性能の高さが飲料メーカーの目にとまった。ドリンクゼリー向けを中心に世界トップクラスのシェアを持つという。

＊2　蜂群崩壊症候群。ミツバチが大量に失踪する（巣に帰還できない）現象。主たる原因は不明だが、農薬の関与が大きいといわれている

近年は、精製はちみつに代わる業務用製品の開発にも力を入れている。「ウルトラフィルターという特殊な膜を用いて、安心・安全・安定を確保しながら、天然のはちみつならではのよさをしっかり残す」。そうして生まれた『クリアハニー』に市場からの注目が集まっている。

これらのBtoBの展開は、老舗養蜂問屋のイメージからは連想しにくいが、この柔軟さと先を見据える力こそが歴史をつなぐ秘訣といえるだろう。特に中村は社長業の傍ら博士号を取得したように、「歴史や物語だけでなく、サイエンスを重視した経営」を志向してきた。

## ミツバチの花粉交配により植物が育成されることは積極的なSDGsそのもの

今後、同社が掲げる構想は大きく三つ。まずははちみつを用いた食の新たな形を提案していくこと。冒頭に紹介した「はちみつDAYS」などのEC強化もその一つで、業務用ではシェフやパティシエ向けに、食材や調味料としての魅力を発信している。「ドイツなどではごく自然に料理に使っており、日本に比べてはちみつの消費量が圧倒的に多い。この伸びしろの大きさにはかなり期待を持っています」と中村は言う。

また養蜂家の高齢化や後継者問題が懸念されるなか、趣味で養蜂を楽しむ個人の後押しにも力を入れる。実は最近、新たに養蜂を始める人が増えており、密かなブームなのだという。さらに多くの人に「自分で育て採取したはちみつで、日々の食卓を彩る自産自消（賞）の楽しさ」

を伝えるためにも、手軽に始められる環境づくりや情報発信を強化。一方でＣＳＲや遊休地活用の視点から養蜂に関心を持つ企業や自治体も増えており、その支援も積極的に進めている。

そしてＳＤＧｓの推進が、さらなる重要なテーマだ。「ミツバチの花粉交配により植物が育成され、$CO_2$から$O_2$を生み出す。それは積極的なＳＤＧｓそのものです。さらに食の安全や収穫量の増大にも貢献します。現在、花粉交配を行っている農作物は百種類以上になり、私たちは全国の農協などにミツバチを出荷し、その礎《いしずえ》を支えています。時代が変わっても、私たちの原点はミツバチの存在。その価値を発信し続けることが最も重要な使命だと考えています」

## Profile


**中村源次郎**（なかむら げんじろう）

1951年、岐阜県出身。関西大学商学部を卒業後、1974年に秋田屋本店入社。1998年代表取締役社長就任。2015年、藤田保健衛生大学（現・藤田医科大学）大学院にて博士号（医学）取得。2018年9月、9代目中村源次郎を襲名。

**株式会社秋田屋本店**

〒500-8471

岐阜市加納富士町1-1

☎058-272-1221


創業：1804（文化元）年

事業内容：蜂産品の製造・販売　（はちみつ、ローヤルゼリー、プロポリス、花粉、ミツロウ）、養蜂資材の製造・販売、種蜂の販売、食品・医薬品製造及び製造受託、健康食品製造販売

https://www.akitayahonten.co.jp

創業175年

# 西酒造

## 焼酎を起点に、ワイン・日本酒・ウイスキーへ展開
## 美味い酒造りにこだわる「愛のある職人集団」

代表取締役 西陽一郎

芋焼酎に対する従来のイメージを一新し、2000年代前半の本格焼酎ブームを牽引してきた西酒造。「富乃宝山」といえば、ファンならずとも誰もが知る日本を代表するブランド焼酎だ。そんな同社の展開は、いまや焼酎にとどまらず、ワイン、日本酒、ウイスキーと飛躍的な広がりを見せている。しかし目指すのは、総合酒類メーカーという枠組みではない。「愛のある職人集団」として人が育つ場を増やし、酒造りへの思いと技術を未来に受け継いでいくことだ。

「『URLAR（アーラー）』の貴腐ワインから始まり、料理の内容に沿って純米吟醸酒の『天賦』、もしくはソーヴィニヨン・ブラン。その後、『富乃宝山』で口休めをして、ピノ・ノワールやクラフトジン『尽～tukusu～』へ。さらに『天使の誘惑』のハイボール。そしてウ

イスキーの『御岳』[*1]で締める感じでしょうか」

コース料理の進行に合わせて、どんなお酒を提供していくか。そのペアリングのイメージを、にこやかな笑顔とともに語ってくれたのは、老舗焼酎メーカー西酒造8代目社長の西陽一郎。メディアにもたびたび登場する、日本の焼酎業界の第一人者だ。

驚かされるのは、前述したお酒はすべて同社が手がけるものだということ。長い歴史を誇る本格焼酎を起点に、2019年3月にジャパニーズ・クラフトジン、同年5月にニュージーランドのワイナリーで手がけたワイン、そして2020年8月には日本酒の販売を開始し、2022年のデビューに向けてウイスキーの製造も始まっている。もはや「日本を代表する焼酎蔵」という表現では、とても言い尽くせない広がりを見せているのだ。

## 西酒造が手がけるお酒で、料理のコース全体を演出できるように

これらの事業展開の背景を西に聞くと、そこにはいくつもの必然性があった。

例えば経済的な視点から見ると、酒類業界は目まぐるしいほどにブームが移り替わり[*2]、激変する市場へのリスク分散が求められること。そして社会の成熟とともにお酒の多様化が進み、そのニーズに応えていくことも重要になる。

また企業力の向上という面からは、「私たちの主たるお客さまは飲食店であり、焼酎を提案す

＊1　桜島の中核をなす山「御岳」に由来
＊2　平成以降で見ても、吟醸酒、赤ワイン、本格焼酎、ハイボール、甘酒など、いくつもの大きなブームが起きている

る際には、違う種類のお酒のことにも詳しくないといけない」という要素もある。実際に醸造・蒸留まで手がけることで、「例えば酵母の使い方をお互いに参考にしたり、ワイン樽をウイスキーや焼酎の熟成に使ったり。技術的な相乗も非常に多く生まれる」ことも利点だ。一方で、お互いに刺激し合い、自立意識の高いスペシャリストが育つ環境にもなっている。

しかしいちばん大きいであろう要因は、西の負けん気の強さ、そして「旨いお酒を造りたい」にとことんこだわる、お酒への愛情だ。

負けん気の強さの要因の一つに、日本酒との立ち位置の違いからの葛藤がある。「お酒の会などにいくと、まず日本酒で始まり日本酒がずっと主役です。そして皆さんの酔いが進み、場の空気が緩んできて、やっと焼酎の出番なのです。そういう手軽さが焼酎のよさではあるのですが、やっぱり悔しいですよね。焼酎自身が料理を引き立てる主役にはなれなくても、当社が手がけるお酒のトータルでコースを演出したいという思いはずっと持っていました」

もう一つ、同社の歴史でも最たる苦境期となった２００８年の事故米問題。これは後日、「汚染米は使われていなかった」と証明されたのだが、その報道はほとんどされず、多大な風評被害だけが残った。しかし西は、「イメージを回復することにエネルギーを費やすのではなく、新しい挑戦をして新しいファンを獲得していくこと」に主眼を置いた。その思いや姿勢は、酒販店や消費者に確実に届き、今も変わらず業界のリーダーとしての輝きを放っている。

（左上）受け継がれてきた「宝山」のブランドロゴ。（右上）左から西酒造を代表する焼酎「富乃宝山」、2020年8月発売の日本酒、純米吟醸「天賦」、「URLAR」ブランドのワイン、ピノ・ノワールとソーヴィニヨン・ブラン。（左下）広大な敷地に広がる本社建物。焼酎蒸留蔵と最先端設備を誇るラボを備えている

あらためて同社の歴史を振り返ると、創業は1845（弘化2）年。幕末の激動期を迎え、当時の薩摩藩主・島津斉彬《なりあきら》が、新たな特産品にすべく藩を挙げて焼酎生産を推奨した時期に重なる。以降、薩摩半島の吹上町（現・日置市吹上町）に根差し175年にわたる歴史をつないできた。

「鹿児島といえば焼酎のイメージですが、それ以前は日本酒が中心でした。実は焼酎より日本酒のほうが歴史が長いのです」

そう語る西が入社したころ、同社は厳しい経営環境に置かれていたようだ。社長就任後の最初の仕事は債務の繰り延べの交渉で、財務の立て直しが急務だった。一方で「どうせつぶれてしまうなら、もっと好きなようにやりたい」と、受け継がれてきた「宝山」ブランドを掲げ、新たな芋焼酎の開発にも取り組んだ。

## 造り蔵だけではなく農業というもう一つの蔵「屋根のない蔵」にこだわる

「着想のヒントになったのは、燗酒や冷酒など日本酒は飲み方や温度によって選ぶ銘柄が違うのに、焼酎は同じものをお湯割りやロック、ソーダ割りなどに使い分けていること。これを変えたいと思いました」と西は当時を振り返る。

同時に、取引先の農家との会話をきっかけに、「従来は芋で一括りにしていた」原材料を、黄金千貫や綾紫など品種ごとに採用したこと。さらに技術的に困難とされていた、黄麹を用いた仕込みの技術を確立したことなどの相乗で、素材の魅力を引き出す、今までにない味わいの焼酎が生まれた。その中核ブランドがロックやソーダ割りで楽しむ「富乃宝山」だ。

当初はお金もなく、車中泊やサウナで寝泊まりしながら全国を営業して飛び回ったというが、西の若さと情熱は多くの酒販店、メディア、そして消費者などの共感を呼び、4年後には手応えを実感。2000年以降の、本格焼酎ブームを先導することになる。

同社の焼酎造りを表す代名詞に「屋根のない蔵」という言葉がある。それは農業というもう一つの蔵。1年のうち8カ月を農業に、残り4カ月を仕込みに使い、そのトータルが焼酎造りであるという考え方だ。原料となる芋や麹米、そのすべてを育ててくれる土にまで遡って旨さを追求する。その見えないところまでのこだわりが「西酒造らしさ」の象徴だ。

さらに大学の研究施設並みのラボも設置。味の再現性を高めるため、ならびに食の安全性を追求するために、精細なデータ分析・管理を行っている。これらはすべて「西酒造はどんな酒を造っても旨い」と言ってもらえるように。その飽くなき思いが原点にある。

また、今後のテーマとして「酒ツーリズム」の構想が挙がる。ウイスキー蔵のあるゴルフ場を起点に、個性的な各蔵を結び、食文化を学び体感し、地域交流を促すルートを構築中だ。「挑戦し続ける社風を育てる。それを次世代に受け継ぎ、風土として残す。その最善な形はどうあるべきか」。西は日々自問自答を続け、よりスケール大きな夢を描いている。

## Profile

**西陽一郎**（にし よういちろう）

1971年、鹿児島県出身。東京農業大学醸造学科卒。都内の卸問屋勤務を経て、1995年に西酒造入社。2003年、8代目として代表取締役に就任。


**西酒造株式会社**

〒899-3309
鹿児島県日置市吹上町与倉4970-17
☎099-296-4627
創業：1845（弘化2）年
事業内容：「富乃宝山」に代表される本格焼酎、日本酒・ワイン・ウイスキーなどの酒類製造・販売
https://www.nishi-shuzo.co.jp

創業165年

# 加島屋

## 子や孫を思う愛情から生まれたさけ茶漬で全国区に食事の楽しさや価値を味わいの提案とともに伝える

代表取締役社長 加島長八

「料理はつくった人の愛情とまごころが感じられなければならない」。創業者のこの信念を受け継ぎ、「コツコツと時間をかけた手づくりの味」にこだわり続ける加島屋。さけ茶漬に代表される多彩な商品群は、贈答品の定番として高い人気を誇る。現在は、新潟を本拠に全国40以上の店舗を構えるが、追い求めてきたのは量ではなく〝質〟。お客さまの期待、デパートなどからの要請に応えながら、着実に事業の裾野を広げてきたのだ。

さけ茶漬、いくら醤油漬、貝柱のうま煮、数の子べっ甲漬、生うに水たきなど、デパ地下の「加島屋」の店頭を訪れると、思わずごはんが欲しくなる、お酒が飲みたくなるような、海の幸を生かした商品がずらりと並ぶ。お中元やお歳暮で、これらの品が送られてきたら小躍りして喜ぶ人が多いのではないだろうか。

看板商品となるさけ茶漬の誕生は、1959年まで遡る。4代目となる長作の母親が、鮭の切り身や中骨に付いていた身を、食べやすくほぐして賄いにしていたことをヒントに、「鮭のほぐし身」として売り出したのだ。そしてある日、「東京の孫に持っていきたい」と一人の老婦が来店し、持参した空き瓶に詰めて提供したことをきっかけに、瓶詰のさけ茶漬として商品化されることになった。

これらのエピソードに表れているように、「美味しく、食べやすく。子や孫を思う愛情が私たちの事業の原点にある」と現社長の加島長八は語る。その姿勢は今も変わらず、よりよい素材や調理法へのこだわりが、同社の歴史の確固たる軸であり続けている。

## 安定した品質と調達のため、自らキングサーモンの養殖事業に乗り出す

ペリー来航2年後の1855(安政2)年、日本が開国に向けて激動の渦に巻き込まれようとするまさにそのさなか、初代加島長七によって同社の礎が築かれた。新潟は信濃川や阿賀野川などの日本を代表する大河川が流れ込む地域であり、これらの川や眼前の日本海で獲れる鮭や鱒、スケトウダラなどの塩蔵品や塩干品を扱っていたという。

明治になると2代目長八が、地元の酒蔵の酒粕を利用した鮭、筋子、鱈子《たらこ》の粕漬(現在の「三

色粕漬」の原点）を発売。地元の花街を訪れる要人たちのお土産として重宝され、「進物品を買うならこの店」と、その評判を高めていった。

3代目忠三郎の時代は太平洋戦争の渦中でもあり、物資の調達には非常に苦労したようだが、そのなかでも品質には強いこだわりを持ち、それが同社の企業文化の底流を形づくった。息子が築地の仲卸で修業していたころは、「美味しそうなものを見つけたら、買って食べてみろ」と破格のお小遣いを与えており、この間に培われた4代目の目利きの力や人的なつながりが、キングサーモンとの出合いを生み、さけ茶漬の大ヒットへとつながっていった。

もっとも、その人気は爆発的なブームというより、地道な口コミの積み重ねだったという。食べた人が〝美味しい〟とファンになって周りに贈り、もらった人も喜んで今度は自分が贈答に使う。その評判を聞きつけた全国のデパートから出店の要請が相次ぐ。このプラスの連鎖による人気の底堅さが、今なおロングセラーであり続ける所以といえよう。

もう一つ、長い歴史を生き抜いてきた大きな要因として、養殖事業への挑戦がある。

「当初は北海道産のキングサーモンを使っていましたが、商社の紹介でアラスカのユーコン川産のものを輸入するようになりました。しかし徐々に資源が減少し、安定した仕入れが難しくなり、お付き合いのあった企業数社と一緒に、養殖を手がけようということになったのです」

キングサーモンは名前のイメージとは裏腹に、環境の変化に弱く生育は非常に難しかった。

（左上）昭和30年代の加島屋店頭。塩引きの鮭が店内を埋め尽くしている。（右上）加島屋の人気トップ3。さけ茶漬、いくら醤油漬、貝柱のうま煮。（左下）新潟市古町のシンボルの一つでもある加島屋本店外観

1990年に着手して、さけ茶漬の原料として使えるまでには20年近い年月を費やした。だがこの間に、ユーコン川産のキングサーモンは禁漁になった。もし養殖に乗り出さなかったら、同社の看板商品は存続の危機に立たされていたことになる。

5代目を継承した加島は、入社直後からこの養殖事業の確立に奔走している。そのなかで「繰り返し現地に赴き、コミュニケーションをとることの大事さ」を強く感じてきたという。

「私たちは素材の鮮度を重視し、昔ながらの手間をかけた製法にこだわっています。その意味を理解していただかないと、求める品質に齟齬が生まれます。ただしその分、努力してもらったら正当に評価しなければならない。漁師さん、一次加工者の皆さんと一緒になって成長していく環境をつくることが私たちの使命なのです」

## 今日の食事は明日の命づくりであり、知恵を養う大切な行事

「売上げを増やすためではなく、お客さまに美味しいと感じてもらうため、喜んでいただくために仕事をしている」。この加島の言葉が、同社のモノづくりの姿勢を顕著に表す。

素材にこだわり、醤油やみりんなどの調味料も厳選。切り身にする、塩漬にするところから商品の瓶詰まで、工程のほとんどが手作業だ。かつて省力化を進めるために機械化を図ったこともあったが、できあがりは機械の仕様に左右され、求める味からは遠くなった。効率化も思ったほど実現できそうになかった。結果的に、昔ながらの「コツコツと時間をかけた手づくりの味」に回帰することで、同社ならではの美味しさを受け継いできた。

しかし、今後のマーケットを考えると課題もある。ギフト需要のじり貧傾向、「美味しいけど高い」という敷居の高さ、これらの相乗によるファンの高齢化などが挙げられる。

そこで新たに、「加島屋ＤＥＬＩ」というブランドを立ち上げた。これは温めるだけで本格グルメが味わえるもので、「サーモンのトマトクリームソース」「海鮮と彩り野菜のスープカレー」など現在5種類を販売。「和のイメージが強い加島屋ですが、あえて洋のテイストを追求しました」と言うように、若い世代の個食ニーズに合わせたものだ。

これらの取り組みは、「素材にこだわったよいものを提供する」という従来の使命だけでなく、

「新たな食の味わいを楽しんでもらう」という次なる価値の提供を示すものでもある。加島自身も料理好きで、スタッフやパートナーと一緒に、これまで数百のオリジナルメニューを開発。ホームページや商品カタログで紹介してきた。

「食事は明日の命をつくるものであり、知恵を養う大切な行事。日々の生活の中心となるものです。一方で料理をつくること、食べることはとてもワクワクします。そういった価値や楽しみ方をまずは率先して私たちが実感し、お客さまにお届けしていく。そして本当に美味しいと喜んでいただくために、これからも本物の商品づくりにこだわり続けたいと考えています」

Profile

**加島長八**（かしま ちょうはち）

1964年、新潟県新潟市出身。東海大学教養学部卒。横浜の建材商社勤務を経て、1992年加島屋入社、常務取締役就任。2006年5月、代表取締役社長就任。

**株式会社加島屋**

〒951-8066

新潟市中央区東堀前通八番町1367-1

☎025-229-0105

創業：1855（安政2）年

事業内容：さけ茶漬、いくら醤油漬に代表される海産物商品の製造、販売

https://www.kashimaya.jp

創業107年

# 菱中産業

## 十勝の歴史とともに歩み酪農・畜産業界の発展に寄与 〝五方良し〟の理念を掲げ、次なる100年に挑む

代表取締役社長 中谷全宏

北海道・十勝開拓の歴史とともに歩み100年超。農耕馬向けの馬具の製造で高い評価を受け、農業の機械化の進展に合わせてテント・シートなどの資材販売に転換。その後も業容を広げながら、安定した成長を遂げてきた。創業以来、終始貫いているのは顧客ニーズに寄り添い、〝他とは違った〟商材開発にこだわる姿勢。現在は、より高い付加価値を追求し、コンサルティングから設計・製造・施工・販売までのワンストップ体制を構築。幅広い期待に応えている。

牛乳、チーズ、ヨーグルトなどの乳製品や、ご当地グルメとして人気の豚丼に象徴される酪農・畜産の分野。小麦やじゃがいも、ビート、豆類[*1]などの農産物の数々。いずれもが国内トップクラスのシェアを誇るように、十勝エリアはまさに食材の宝庫といえる地域だ。

＊1　大豆、小豆、インゲン豆など

北海道全体では地盤低下が叫ばれることが多いが、十勝の産業は長く右肩上がりの好調が続き、さまざまな経済指数は、この地域の底力の強さを物語っている。

そんな十勝地区の歴史は、静岡県出身の依田勉三が組織した「晩成社」による開拓が端緒となる。13戸27名の移民団がオベリベリ（現・帯広市）に入植したのが1883（明治16）年。極めて厳しい自然環境と戦いながら、農場や牧場、食品製造工場などを次々手がけていった。

残念ながらその多くは失敗に終わったが、勉三の熱い志は引き継がれ、特に水害の被害で苦しんでいた北陸・東北の農家の次男・三男などが、新たな移民団として乗り込み挑戦を続けた。

そのなかの一人に、富山県高岡の農家の次男として生まれた中谷清次郎がいた。清次郎が家族とともに新天地に赴いたのが、1900年のこと。自らは反物商など、さまざまな商いを志向しながら、一方で将来を見据えて息子の喜八を札幌の靴屋修業に出した。

3年の修業を経た喜八が帯広に戻り、靴の製造修理業を立ち上げたのが1913年。これが菱中産業の原点となる。創業者は喜八になるが、その立ち上げを支援した清次郎の役割は非常に大きく、「〝初代〟として特別の敬意を表している」と現社長の中谷全宏は語る。

翌1914年、第一次世界大戦が勃発。ヨーロッパの農地は焼け野原になり、農産物は軒並み高騰した。その影響で十勝の農家も活況を呈し、当時の農業の主役だった農耕馬が一気に増加。馬具の需要も高まり、「靴ができるなら馬具もつくれるのではないか」という強い要請が寄せられ、その期待に応えるべく馬具の修理・製造を始めることになった。

その後2年もすると、同社の事業の中心は馬具になり、喜八の腕の確かさから「馬具は中谷で整えよ」と評されるほど、第一人者としての地位を築いていった。

## 農業の機械化・大型化が進むなかで、馬具から農業資材へと事業を転換

戦後の北海道において、農業振興の転機となった法律が二つある。1954年施行の「酪農振興法」、そして1961年施行の「農業基本法」だ。いずれも事業の集約・大型化を図るとともに、機械化を促し農業の近代化を推進するものだ。

これらの浸透により、十勝の農業はいちだんと加速することになるが、同社は経営の大きな転換を迫られることになった。トラクターなどの導入が進み、馬具のニーズが激減したからだ。

しかし、この激変の時期を同社は見事に乗り越えている。理由としては、早くからトラックの幌や店舗軒先のテントなど、新たな商材の製造・販売に乗り出したこと。その過程で帆布やポリエステルなど素材の幅を広げ、生地を扱う技術を磨いてきたこと。そして長年の馬具の実績により農家や農協との関係を深めていたため、新商材の拡販をしやすかったことなどがある。

さらに、商売に対する実直さや仕入先への真摯な対応も信頼の基盤となった。例えば、1970年代の成長を支えたブルーシートの販売。当時製造できるのは、岡山のメーカーなど数社

（左上）中谷馬具店時代（大正12年ころ）の社屋外観。靴鞄と馬具の看板が併記される。（右上）畜舎内の環境改善に効果を発揮する畜舎カーテン。現在は「GREEN LIGHT」ブランドで提供。（左下）新たな中核事業に育った太陽光発電事業（写真は釧路市の施設）

だけで、オイルショック時に入手困難に陥った。

しかし同社は長年の付き合いから優先的に提供を受け、市場での引き合いが殺到するなかでも、適正価格で仕入れ続けることができた。結果、農家にも低価格で販売することが可能となり、すべてにＷｉｎ‐Ｗｉｎの関係が築けたのだ。

事業の広がりを受け、１９７０年に帯広皮革工業から現在の菱中産業へと社名変更。その後、新型ウェルダー溶着機の導入、ベルト工場の新設など設備の強化を図り、１９８９年には西帯広工業団地内に事務所・工場・倉庫を集約。生産体制を大幅に拡大し、現在の事業基盤を確立する。

中谷の入社は１９９７年。北海道拓殖銀行や山一証券などの名だたる金融機関が相次いで破綻し、北海道の経済も大きく疲弊していた時期だった。

先代の和弘は、主軸のシート・テント類以外にも独自の製品を次々に発売しヒット商品に育てたが、市場の収縮とともに異業種からの参入が相次ぎ、売れ筋商品はすぐに真似をされた。価格競争に陥り、利益率の大幅な低下に苦しんだ。「今後どんな事業展開をすべきなのか」、行き詰まりを強く感じていたという。

## 新ブランド「GREEN LIGHT」を立ち上げ、高付加価値の商品展開を推進

２００７年に社長に就任した中谷があらためて志向したのは、会社の原点に立ち返ること。それは「お客さまの気持ちに寄り添うこと。父が常に言っていた『人とは違ったことをやれ』というマインド」。そして地域密着型企業の強みを生かし、さらなる付加価値の確立を進めた。例えば、家畜のふん尿をためるラグーン大型シート、透明な畜舎カーテンなど、「こんなものが欲しい」という要望に応える新商品を開発。ＯＥＭにも力を入れ、取扱商品は１０００種類にもなった。最重点商品に置く「畜舎カーテン」の販売も好調で、企画・設計から施工までをワンストップで提供。〝コンサルティング力〟を新たな武器とし、総合的な提案力を高めている。

さらに、「飼料や原油価格の高騰に悩む酪農・畜産事業者の皆さんに少しでも貢献できれば」と、太陽光発電事業にも着手。産業用の太陽光発電所を、販売・自社保有を目的として北海道・東北を中心に開発し、新たな中核事業として収益の半分を占めるまでに育っている。今後は再生エネルギーの地産地消を推進するなど、次なる可能性を探っていきたいという。

一方で中谷は、社内の理念共有にも積極的だ。トップ自らが明確な判断軸を持つことの大事さを痛感し盛和塾に入塾。その哲学をもとに「菱中の心得」を作成し、社内の考え方改革を推し進めた。そして「売り手、買い手、世間、地球、未来」の〝五方良し〟の精神を理念の柱に、事業の伸長はもちろん、社員の人としての成長やプライベートの充実などにも重きを置く。

2017年には初の自社ブランド「GREEN LIGHT」を立ち上げ、仔牛を守る防寒着「カーフコート」を皮切りに、新商品体系を構築中だ。1世紀を超える歴史のなかで培った技術とノウハウを生かし、「自分たちが価値創造を実現できるフィールド」の追究に力を注いでいる。

Profile

**中谷全宏**（なかや まさひろ）
1967年、北海道帯広市出身。専修大学卒。東証一部上場の商社にて電子機器業界に携わり、1997年に菱中産業入社。2007年4月、代表取締役社長就任。

**菱中産業株式会社**
〒080-2464
北海道帯広市西24条北1-3-28
☎0155-37-2217
創業：1913（大正2）年
事業内容：テント・シート・ネット製品縫製加工及び農業（畑作・酪農・肉牛）資材の製造・輸入。畜産施設及び各種施設向け防寒・換気・防鳥用カーテンシステムの製造・輸入・施工。太陽光発電所の設計・施工・開発・売電事業
https://www.hishinaka.com

創業80年

# ナガオカグループ

## レコード針で築いた世界的な知名度と技術を武器に積極的な商品開発と意識改革で新たな飛躍の舞台へ

代表取締役 長岡香江

**時計の基盤を構成する受石や爪石などの部品製造を手がける会社として1940年に創業したナガオカ。その精緻な技術を生かしてレコード交換針の領域に進出すると、瞬く間に世界的なブランドへと成長を遂げた。やがてレコード市場の急減速により事業の再編を余儀なくされるが、2015年の社長交代を機に新たな攻勢に出る。新ブランド・新商品を次々に発表し、社員の士気を高めることで、近年の業績は大幅な伸長を見せている。**

「『レコード針といえばナガオカ』と言われるほど、世界中から信頼を集めてきた圧倒的な知名度、長年培ってきた難削材・超微細加工などの独自技術、そして全国のレコード店や家電量販店などの広範な販路や取引実績。これらの強みを生かせば、もう一度世界の舞台で活躍する力を持った会社になれると感じました」

社長就任時の思いをそう振り返るのは、2015年からナガオカグループの経営を引き継ぎ、果敢に新たな挑戦を続ける長岡香江。「待っていれば注文が来る時代の意識から抜け出せなかったこと、一方で会社清算からの閉塞感を引きずっていたことなどから、社内には新たな挑戦への意欲が薄れている現状がありました。そこで社員のみんなが楽しく前向きに仕事ができる会社であるためにも、まずは新商品を積極的に発表していこうと決めたのです」

当初こそ「自分が社長でいいのか」と強い葛藤があったというが、覚悟を決めてからの長岡の動きは速かった。〝世界のナガオカ〟のブランド復権を目指し、怒涛の攻めに出る。

2015年12月、自ら香港の工場に出向きデザインした「数年ぶりとなる新商品」のイヤホンを発売すると、これが起爆剤となった。その後もイヤホン関連の新商品を次々に発表し、企画・開発から販売までのスキームをあらためて確立する。2017年には「MOVIO」ブランドを立ち上げ、独自に開発したドライブレコーダーがこれも大人気商品に育った。

2018年5月、東京・代々木に新本社ビルを竣工。創業80周年となる2020年には新ブランド「LUSVY」を発表し、多彩なライフスタイル商品の開発に取り組んでいる。

その一方で、同社の代名詞であるダイヤモンド接合針の製造も、根強い愛好家の存在と世界に競合がいない状況であることから、全盛期には及ばないまでも堅調に推移。山形・山梨を拠点とする金属加工の受託事業とともに、経営の土台を支えている。これらの相乗でグループ売上げは、長岡の社長就任からすでに5割以上伸びているという。

## 会社清算の道を選んでも、レコード文化の火は絶やさない

愛車のセンチュリーで販売店の前に乗りつけ、トランクに積んだ煙草をカートン単位で気前よく振る舞う。亡き後には、かつての関係者が肖像画を見ただけで思わず涙する。創業者・長岡榮太郎には、豪気なカリスマとしてのエピソードがいくつも語り継がれる。

会社の歴史の始まりは1940年。東京・大塚に長岡時計部品製作所を立ち上げ、めのうやルビーなどの宝石類を用いた時計部品の生産を手がけた。

飛躍への大きな転機となったのは、1956年に日本初のダイヤモンド入替針を開発し、レコード針の領域に参入したことだ。その後、針単体からチップ、カートリッジなどへと商品の機能を増大させ、世界的なブランドへと発展していった。最盛期となる1983年の交換針の生産数は120万本にも上り、国内のおよそ7割のシェア。社員も1000人以上いたという。メディアでもたびたびクローズアップされ、時代の寵児といえるほどに破竹の勢いが続いた。

しかし1982年にコンパクトディスク（CD）が発売され、レコード売上げが激減。オーディオメーカーがレコードプレイヤーをつくらなくなったことで、一気に雲行きが変わった。

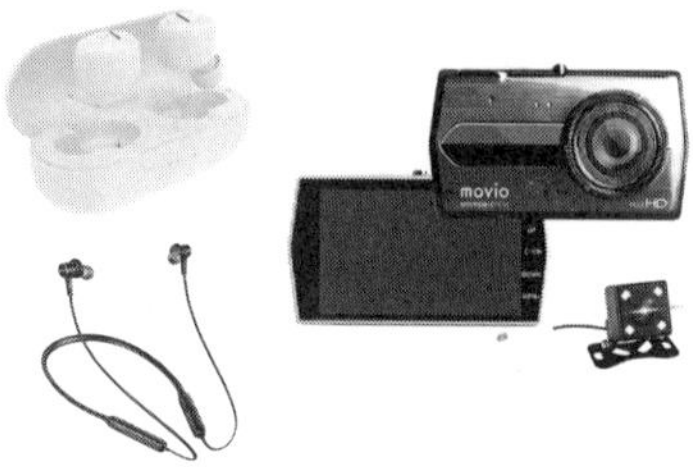

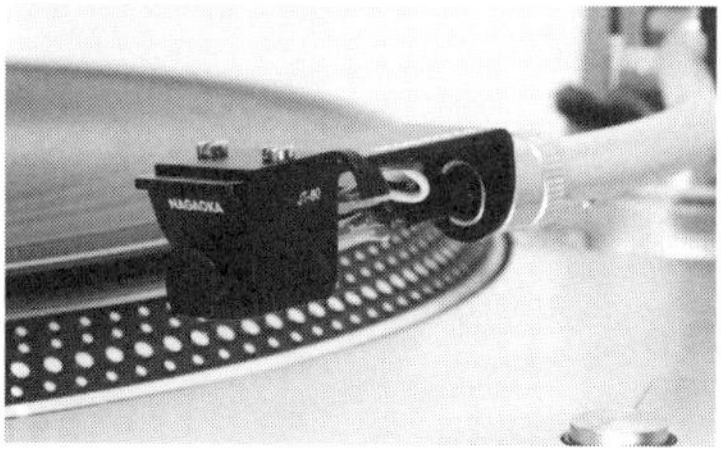

（左上）ナガオカのカートリッジの世界的名作「MP500」。（右上）ワイヤレスイヤホンBT817、BT820。「MOVIO」ブランドのドライブレコーダー「MDVR206HDREAR」。（左下）創業80周年を記念して発表した次世代フラッグシップモデル「JT80」

この窮地に2代目の榮一は、「取引先や仕入先に迷惑をかけないように」と黒字のまま会社清算の道を選んだ。本社を売却して、銀行や債権者への負債の返済や社員の退職金に充てたほか、レコード販売店からの返品もすべて引き取った。「このような対応が信用となり、当時お付き合いがあった方々とは事業再開後もよい関係を築けています。2代目の勇気ある決断だったといえるでしょう」

そしてもう一つの大きな意思決定が、窮地のなかでもレコード針の生産工場を残したことだ。『レコード針が売ってなくて困っている』『何とか生産を続けてほしい』という切実なメッセージが書かれた手紙が毎日のように届き、段ボール数箱分ほどにもなりました。そこで、レコードがある限りレコード針をつくり続けようと、生産を継続することにしたのです」

周知の通り近年はアナログ文化への関心が高まり、レコード人気も復活している。まさにこの時の英断によるレコード針の存続が、ブームの土台を支えているといえるだろう。

一方、同社の事業面でも、レコード針の生産継続は大きな意義があった。「地球上で最も硬いダイヤモンドを研磨し針にするのは、非常に難易度の高い作業です。長年培ってきたこの技術を生かすことで、超硬合金、マグネット部品、プローブピンなどの受託加工が育ってきました。一見地味なようですが、実は今後の伸びしろが大きく期待できる成長事業なのです」

## 2040年100周年を目指して、社会に必要とされ続ける会社に

社長に就任して5年、長岡が常に意識してきたのは社員の声を丁寧に聞くこと、そして信用して任せることだ。実は社内に閉塞感が漂っていた時代も、意欲ある社員は少なからずいたという。独自の企画やアイデアを持ちながら、それを提案できる場面がなかったのだ。

その雰囲気を換えるだけで、会社は劇的に変化を遂げた。社内から活発に意見が上がり、主体的なアクションができる社員が増えた。新商品や話題の商品の情報収集に積極的になり〝目利き力〟が驚くほど上がった。さらに急成長中のEコマースをはじめ、現場発の取り組みがいくつも生まれてきているという。だからこそ長岡は、「決して自分が引っ張ってきたのではなく、みんなが頑張ってくれたおかげで今の成長がある」と感謝の言葉を伝える。

2020年5月、同社は80周年を迎えたが、「80年くらいではまだまだひよっ子だということに最近気づいた」と長岡は笑う。

「まずは100年、そして売上げ100億円。いずれも〝桁を変える〟ことが一つの目標です。しかし追うべきは決して数字ではなく、社会に本当に必要とされる会社であり続けること。ありがたいことに最近、海外の展示会で『ナガオカ頑張れ』という声をいただく機会が増えました。その期待を真摯に受け止め、レコード文化を次世代につなげるためにも、みなさんに喜んでいただける製品を出し続けていきたいと考えています」

## Profile


**長岡香江**（ながおか かえ）

慶應義塾大学・同大学院卒業後、外資系金融機関に勤務。2014年ナガオカ取締役。2015年ナガオカトレーディングの代表取締役に就任、2016年ナガオカ及びナガオカ精密の代表取締役に就任。

**ナガオカグループ**

（東京オフィス）
〒151-0051
東京都渋谷区千駄ヶ谷4-3-2
☎03-3479-8101
（本社）山形県東根市大字蟹沢1863-6
創業：1940（昭和15）年
事業内容：レコード針、マグネット部品などの微細・精密部品加工。オーディオ・ビジュアル関連アクセサリーの製造・販売
https://www.nagaoka.co.jp

創業314年

# 大塚産業マテリアル

## 300年もの歴史と理念に育まれたモノづくりの力
## 蚊帳・壁紙から不織布成形へと時代の先を捉え続ける

代表取締役社長 大塚誠嚴

蚊帳から壁紙そして自動車向け資材へ、織りの技術から不織布成形へ。大塚産業マテリアルは時代の大きな変化のなかで、市場や用途、得意とする技術を柔軟に変容させ、300年を超える歴史をつないできた。大切にしてきたのは、近江商人に受け継がれてきた「三方よし」の精神。そして一人ひとりが主役となる自律型の組織づくりへの思い。これらの企業文化の強さが、絶えず先を見据え新市場の開拓を可能とする、大きな原動力となっている。

琵琶湖のほとり東岸、豊臣秀吉が初めて一国一城の主として拠点を構えた滋賀県長浜市。この地は水陸交通の要所でもあり、秀吉が城下町として整備し、楽市楽座などを通じて商工業を奨励したことで発展、独自の経済・文化を築いてきた。江戸時代以降、浜ちりめん・浜蚊帳・

浜ビロードが特産物として人気を博しており、そのいずれもが〝浜〟を頭文字として表記されるように、長浜の地名そのものが高いブランド力を持っていたことがわかる。

1706（宝永3）年に創業した大塚産業マテリアルは、そんな長浜の歴史とともに歩んできた当地を代表する企業の一つだ。創業者は大塚吉平。近江八幡で学んだ蚊帳の技術を持ち帰り、保多屋《ほたや》の屋号で事業を開始。後に一世を風靡する長浜の蚊帳産業の生みの親となった。1836年には三井越後屋呉服店（現在の三越伊勢丹）との取引が始まり、安政時代の長者番付ともいえる資料には〝勧進元〟として上がるほど、その隆盛は目を見張るものだったようだ。

昭和の戦争時には海外から入ってこなくなった羊毛の代替品として、繭の短繊維から真綿をつくり、防寒服や生糸を芯材とするFRP[*1]を用いた飛行機の操縦桿を製造。商号を大塚産業とした。戦前は「国の役に立てる事業を」ということで、軍事用の取引が増えたようだ。

## 先を見据えた新事業への注力で、蚊帳市場の急激な減少を乗り切る

1955年には250万張が売れ、そのうちの4割が長浜産というほど活況を呈していた蚊帳産業も、「DDTの散布による蚊の減少」「家庭における網戸の普及」などにより一気に様変わりする。このころをピークに、生産量は減少の一途をたどった。

しかし同社は、事業の根幹を揺るがすこの激変期を、絶えず先手を打ちながら乗り切ってい

＊1　繊維強化プラスチック

る。その転換を主導したのが、後に8代目を継ぐ誠次郎だった。

蚊帳の生地を転用した壁紙を発案すると、その好調を背景に葦を用いた壁紙を生産して、当時の日本に不足していたドルを獲得するために欧米へ輸出。これが琵琶湖の葦がなくなるほど大ヒットした。さらに「これからは自動車の時代だ」と、この壁紙を内装材として提案。結果的に採用には至らなかったものの、現在の事業の中核をなす自動車向け事業への端緒となった。

これらの動きと並行して、1963年には蚊帳事業の撤退を決意。取引先に迷惑をかけないように配慮しながら、その5年後に完全に閉鎖している。その判断には、目先の採算だけでなく「今後の社会や人々の暮らしの向上に役に立つ仕事をしたい」という誠次郎の価値観も強く反映されていたようだ。これは、『大塚産業は社会に奉仕する』という社是の源流になるもので、近江商人に受け継がれてきた「三方よし」の理念にも通じる。10代目となる現社長の大塚誠嚴も、「この精神を大切にしてきて今がある」と、経営の根幹にあるものを語る。

自動車産業向け製品の本格化は、蚊帳事業の撤退と時期を同じくする。それまで座席シート向けに使われていたジュート[*2]の代替品を探しているという話を聞きつけ、同社が開発したポリエチレン織物をトヨタ自動車工業（現・トヨタ自動車）に提案、指定商品となったのだ。その後もシートカバー、エアバッグの袋、ヘッドライニングなどへと領域を拡大していった。

「8代目は新しい挑戦をすることがとても好きでした。いくつも失敗はあったようですが、そ

＊2　黄麻（こうま）、ツナソなどと呼ばれる麻の種類の一つ

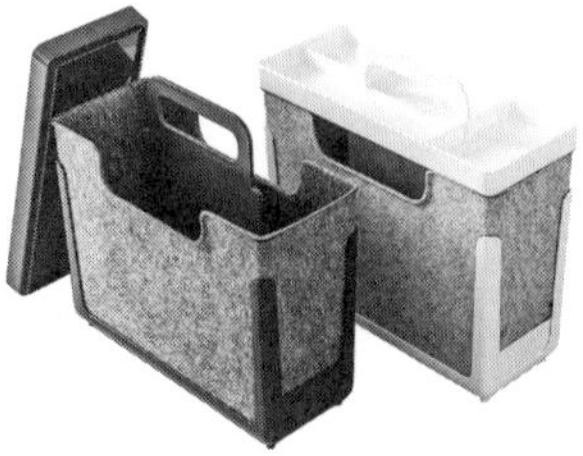

（左上）昭和初期、大塚蚊帳時代の工場外観。（右上）強みとする不織布成型技術を活用して、新市場の開拓に力を入れる。（左下）自動車シートカバーの内側で使われる、不織布を用いた縫製品、成形品の製造が事業の中心となる

の姿勢があったからこそ蚊帳事業からの転換が進んだのだと思います」と大塚は言う。そして、これらの業容の広がりから分社化を推進。1987年にはグループ4企業体制に移行した。

現在の主力製品は、ウレタンの補強布などに使われるモールド副資材だ。国内の自動車メーカーのほぼすべてと取引し、およそ60パーセントものシェアを誇るという。

素材の中心は不織布になる。これはマスクの材料としてよく知られるものだ。同社は裁断、縫製から、さらに立体成形の技術を究めることで、自動車産業の幅広いニーズに応えてきた。

特に「均一な厚さを実現する深絞りの技術と、異なる素材を組み合わせる複合（複層）成形、そして4方向逆テーパー*3の連続成形を可能にする生産体制」が、優位性の基盤となっている。

＊3　テーパーとは先に進むほど細くなる構造のことをいう。逆テーパーはその逆で先端のほうが広く（太く）なり、型抜きがしにくくなることから加工難易度が上がる

## 「自分の子どもを入れたい会社に」。その手応えは少しずつ強くなってきた

利益率の向上、自律型の組織づくり、積極的な新市場への参入。大塚が現在掲げる経営のテーマは主に三つ。その代表的な取り組みの一つに、毎年1万件以上の提案が集まるというカイゼン制度がある。「開始当時の2000年ころと比べて、年商の伸びが2倍、利益は6倍。制度の浸透と業績の伸びが比例している以上、本腰を据えて取り組む意義を感じています」

ポイントになるのは、出したものを否定しないことだ。「一つひとつは小さなことでもその積み重ねこそが改革につながります。自分の仕事を自分の意識で変えていく意識こそが重要なのです」。そして人は褒められてこそ育つという信念のもと、「成果発表会や報奨金など、さまざまな〝褒める仕組み〟をつくっています」と大塚は言葉を続ける。

同社のカイゼン案は、「こうしたらこんな成果が出た」という実行提案がほとんどだ。「現場で必要だと思ったことは、自分たちで対策を考え実現に移していい」、その〝任せる風土〟が大きな特徴で、大塚がこだわる自律型の組織づくりへの思いが、顕著な成果として表れている。

事業面では強みとする技術を生かし、自ら市場を創造していくことに力点を置く。特に「素材が持つ可能性には大きな広がりがある」と考えており、展示会出展の強化を起点に、近年は素材メーカーとの関係を深め、家電系・鉄道領域などで、新たな実績が生まれている。「成功例

を増やして、みんなで共有していくこと」が今後の重要なミッションだ。

さらに2021年度からスタートする5カ年計画を見据えて、「新顧客・新製品・新用途」の〝3新〟を次なる命題に置く。ここでは新事業の柱の擁立と海外売上げの比重拡大を通じて、年商110億円の実現ならびに時代の変化に強い会社づくりを推進していきたいという。

その根幹にあるのは、「誰もが子どもを入社させたくなる会社でありたい」という大塚の強い思いだ。「最近も『息子が入社することになりました』と嬉しそうな報告を受けました。誰もがそれを誇りに思えるような、魅力的な会社にしていくことが私の使命だと思っています」

Profile

**大塚誠嚴**（おおつか もとよし）

1974年、滋賀県出身。日本大学生産工学部卒。日本総合研究所を経て、2003年に大塚産業マテリアル入社。2015年取締役営業部長、2018年6月代表取締役社長に就任。

**大塚産業マテリアル株式会社**

〒526-0021
滋賀県長浜市八幡中山町1
☎0749-62-3251
創業：1706（宝永3）年
事業内容：大塚産業グループの中核企業。独自の不織布成形技術を軸に自動車向け製品、インテリア製品を手がける
https://ohtsukasangyo.com/material

創業108年

# 三ツ矢グループ

## 健全な財務体質と積極的なM&A戦略で事業を拡大 "唯一無二のなくてはならないタクシー会社"を目指す

代表取締役社長　関口勝裕

乃木大将の乗馬係を務めたという現社長の曾祖父が創業。積極的な事業の多角化を進めるとともに、健全な財務体質をベースに積極的なM&Aを行い、108年という長い歴史をつないできた。現在はハイヤー・タクシー事業、自動車整備事業、自動車教習所事業などからなる企業グループを形成。その中核となる「エミタス」タクシー事業は、千葉県内でトップクラスの配車実績を持ち、利用者から頼りにされるブランドへと育っている。

三ツ矢グループがタクシーの新ブランド「エミタス（EMITAS）」をスタートしたのは、2007年11月。その名称には、『笑みを足していく　笑みを満たしていく』タクシー会社でありたいという想いが込められている。

それまで三本矢マークだった屋上表示灯を、スマートな「EMITAS」という横文字のものに換え、乗務員の意識改革に力を入れた。「当時すでに、千葉市内では有数のタクシー会社になっていたのですが、その規模に見合うサービスが提供できていたかというと、残念ながらそうではなかった。さらに千葉県随一のタクシー会社を目指すなら、名実ともにトップのサービスを提供しなければならない。そう固く決意して改革を進めていったのです」

そう語るのは「エミタス」ブランドの立ち上げを主導した、関口勝裕社長だ。

この狙いは当たり、乗務員の対応は劇的に変化したという。県庁や市役所、企業やホテルなど、さまざまなクライアントからの信頼も高まり、街の評判も向上した。

「タクシーは社会の足としてなくてはならない必要なものですが、〝なくてはならないタクシー会社〟というものは存在しにくい。国によって運賃が決められているだけに、お客さまにとってはどの会社のタクシーも同じだからです。そのなかで私たちは〝タクシーならばエミタス〟と言われるような、唯一無二のタクシー会社を目指しているのです」

## 新事業展開とM&A、積極的でありつつ堅実に規模を拡大

創業者の関口末吉は明治の陸軍大将・乃木希典の乗馬係を務め、日露戦争にも従軍したという。「乃木大将は明治天皇崩御の際に殉死したのですが、曾祖父は遺言に基づきその馬をもらい

受け、世話をしていた部下たちと一緒に、1912（大正元）年に馬車屋を開業しました。それが当社のルーツになります」

場所は江東区大島。その後、墨田区横川で1935年に「横川タクシー」を創立。だが戦時中は大手のタクシー会社に統合され、東京大空襲で馬もすべて失ってしまった。

三ツ矢タクシー（現・三ツ矢物産）として、あらためて事業を立ち上げたのは1951年。事業を拡大したのは、関口の祖父・榮である。1958年以降、三ツ矢観光自動車、三ツ矢林業、王子自動車学校などを立て続けに設立し、自動車整備事業にも着手した。

「祖父はなかなかのアイデアマンで、『これからは空のタクシーの時代だ』とヘリコプターの会社を、『これからは空気を売る時代だ』と神奈川県下の山林をたくさん買ったりしました。ホテルや建設業にも手を出していたようです」と、関口はその辣腕ぶりを振り返る。

ただこの多角化戦略は、最終的にタクシー事業とシナジーのある、自動車整備や自動車教習所、LPガス・石油製品運送事業などに絞り込んでいる。

順調に拡大してきたタクシー業界だったが、1964年に東京オリンピックが終わると、一気にタクシー需要が落ち込み、経営が苦しくなる時代があった。「国から増車枠が営業区域ごとに割り当てられるのですが、いったん増やした台数は減らすことができないため、オリンピック需要の一巡とともに供給過多になってしまったのです」

（左上）1970年ころの三ツ矢タクシー本社外観。（右上）「エミタス」ブランド立ち上げ前後の屋上表示灯の比較。（左下）三ツ矢エミタスタクシーHD本社。すべての拠点の土地・建物を自社保有する

関口の父親・勝利が社長に就任したのは、その苦しいさなかであり、積極的にグループの再構築を進めていった。その象徴の一つが、車の代替えだ。米国留学時代にバスがＬＰＧ（液化石油ガス）で走っているのを見て、葛飾区にＬＰＧスタンドを設置。それまで故障の多かったディーゼルを廃止し、ＬＰＧでタクシーを走らせるなど、その取り組みは画期的なものだった。

また窮地に陥っていた同業のタクシー会社を積極的に受け入れ、統合もしくはグループ化を進めた。１９７０～１９８０年代にかけて、そのネットワークは一気に拡大していった。

先代が目指したのは千葉交通圏でのシェア拡大であり、その志は息子の関口に受け継がれた。「エミタス」ブランドの構築は、その大きなターニングポイントになった。

## 営業に採用に、タクシー業界は規模のメリットが大きな相乗を生む

「国の認可事業であるタクシー事業が拡大するには、M&Aで台数を増やしていく以外に方法がありません」。そう語る関口は1994年の社長就任以降、引き続きM&Aに注力した。

「なぜシェアを拡大する必要があるのかというと、それは企業とのチケット契約に直結するからです。お客さまから見ると、街でつかまりやすいタクシーであることが重要であり、そのためには、より多い台数を保有していることが必須になるのです」

台数が増えると、チケット契約が増える。そうすると乗務員の売上げ増にも結びつくため、人も集めやすくなる。そんな好循環が生まれた。

そして2002年の規制緩和により、さらにM&Aの動きは加速した。認可制から事前届出制へ、最低保持台数の緩和など、参入障壁が大幅に低下したことで業界の競争は激化し、特に中小規模のタクシー会社に経営が苦しくなるものが増えたからだ。

そういった環境下、同社のもとには多くのM&A情報が寄せられるが、「一方的なM&Aは絶対にしない」ことが関口のポリシーだ。「私たちが優位であるような態度はとらない。多人数で相手の会社に乗り込まない。これまでの取り組みに敬意を表して、一緒になって頑張ろうという考え方を大切にしています。そういった姿勢が理解され、『会社売却を考えるなら、三ツ矢グ

ループに話を持っていくのがいい』と言ってもらえるようになりました」

コロナ禍の拡大は、タクシー業界を直撃した。もちろん同社も例外ではない。しかし早くから「社員の待遇は変えない」と宣言し、厳しい時期を乗り越えようとしている。

「私たちは伝統的に不動産を所有することに重きを置いてきました。さまざまな機器がリース中心の時代になっても、所有をベースとした経営を続けてきました。その蓄積が今、大きな意味を持ってきています。それは決して会社を守るためだけではなく、次なる攻勢への原資にもなる。培ってきた歴史の価値に感謝し、さらなる未来をつくっていきたいと考えています」

Profile

**関口勝裕**（せきぐち かつひろ）

1965年、東京都出身。明治大学卒。1992年、三ツ矢物産入社。取締役副社長を経て、1994年に代表取締役社長就任。現在、三ツ矢エミタスタクシーHDをはじめとする三ツ矢グループ全体の経営を担う。

**三ツ矢グループ**

（グループ本社）
〒110-0014
東京都台東区北上野2-13-8
☎03-3844-6121
創業：1912（大正元）年
事業内容：ハイヤー・タクシー、LPガス・石油製品運送、自動車整備、自動車教習所などを手がける企業グループ
http://www.mitsuya-net.com

創業180年

# ハニーファイバー

## 寝具業から一時撤退も国内生産の綿ふとんにこだわり伝統の「おたふくわた」ブランド復活に情熱を燃やす

代表取締役社長 原田浩太郎

羽毛ふとん全盛のなかでも、綿100パーセントの手づくりの木綿わたふとんが密かに人気を集めている。一級寝具技能士の資格を持つ職人がつくる「おたふくわた」ブランドだ。1840年創業の老舗だが、1997年に一時寝具業から撤退。しかし数年後に不死鳥のように蘇った。その背景には「わたで人を感動させたい」という9代目社長の情熱がある。積極的な商品開発など、わたの新たな可能性を追求しながら、今も老舗の商標を守り続けている。

原田浩太郎社長がまだ大学3年生の時のことだ。ある日、ハニーファイバー本社のある福岡市の銀行に呼ばれた。「東京から福岡に飛び、母親と一緒に役員室に足を踏み入れると、銀行の偉い人たちから会社の今後に関して三つの選択肢を示され、『どれを選ぶか』と言われたんです。

そこで初めて、会社が窮地に追い込まれていることを知りました」

同社の創業は1840（天保11）年。原田忠右衛門が手がけた綿の加工に始まり、2代目重吉が買い付けから加工販売までの一貫製販を確立し、事業の基盤を築いた。そしてこのころ、商品ブランドを「おたふくわた」と名づけている。

おたふくとは、天の岩戸で神楽を舞った天鈿女命《アマノウズメノミコト》がモデルとされ、女性の幸せを願う思いで付けたもの。その後社名となったハニーファイバーも、「おたふく＝大切な人（ハニー）」からの連想で、世界に通用するブランドになることを目指したのだ。その期待通り、日本を代表する木綿ふとんのブランドとして名を馳せるとともに、海外との取引も拡大していった。

ところが1980年代前後から、中国から安価な羽毛布団が大量に入荷され、市場に価格破壊が起きた。販路先の百貨店も苦境に陥り、木綿ふとんの在庫が急激に増加した。さらに、原田の父親である憲明が急逝。その15年後に70億円ほどの融資返済を強く求められたのだ。

「選択肢は、会社を畳む、寝具業をやめて不動産会社にする、会社を売りに出すの三つ。私は会社やおたふくわたの商標は残しておいたほうがいいと思い、2番目の案を勧めました」

こうして1997年、同社は寝具業から撤退。資産として全国に所有していた不動産の管理業に転じた。博多駅前の一等地にあった本社などを売却して返済に当て、わずか5名の社員が不動産管理業のために残っただけ。もう「おたふくわた」の歴史は途絶えたかに見えた。

## 先祖の仏壇の前で「おたふくわた」復活の思いがつのる

大学卒業後、原田は沖電気工業グループに入社。営業担当で社長賞を取るなど才覚を発揮した。だが「おたふくわた」のことはずっと気にかかっていたという。

サラリーマン生活4年目、起業を思い立った原田は、イタリアンレストランを開業するため、会社を辞する報告を仏壇の前でする。その時不思議なことが起きた。「仏壇には先祖の写真が置いてあるのですが、それから2時間、仏壇の前から立てなくなった。急に震えがきて、涙が出た。自分が会社を継がなければという思いにかられたんです」

「おたふくわた」復活を心に秘め、原田が入社したのが2001年7月。だが羽毛布団が主流になった市場で、木綿ふとんの需要があるのかという不安はあった。実際に百貨店の売り場を訪れても、積極的に売られる商品ではなかったからだ。ただそれでも木綿ふとんはなくなることはなく、一定の需要があることもわかった。そこに一筋の可能性を感じた。

その後約2年かけ、原田は「おたふくわた」復活のため全国巡礼の旅に出る。先代の伝手を頼って、かつての下請け工場やふとん職人を育てる学校に出かけ、木綿ふとんづくりを一から勉強し直しながら、自分の思いに賛同してくれる職人を探した。

同時に、自社のホームページに「おたふくわた復活プロジェクト」というコーナーを立ち上

（左上）明治後半、山原田製綿所の屋号で商いをしていたころの店頭の様子。（右上）「おたふくわた」ブランドとともに、福々しい「おたふく」のキャラクターデザインも受け継いでいる。（左下）ナチュラルコットンにこだわった「おたふくわた」のふとん

げ、自ら伝統の家業を復活する進行状況を地道に発信し続けた。

「自分たちの都合で事業から撤退し、自分たちの都合で復活する。そんな自分勝手な試みを応援してもらうためには、熱意と本気度を示すしかありませんでした」と原田は振り返る。

そうして２００３年、新生「おたふくわた」が完成し、木綿ふとんの販売を開始する。

同社の「おたふくわた」は、すべて職人による手づくりで、１００パーセントナチュラルコットンを使っている。

わたの種類にもこだわり、掛ふとんには〝コットンの王様〟と呼ばれるエジプト超長綿と定評のあるメキシコ綿を、敷ふとんには、日本に限られた量しか入らない高級インド産の繊維が太く短いコットンを使用した。

## “ナチュラルコットンと心地よいくらし”をテーマにブランド浸透を図る

当初は販路もなくインターネット販売だけだったが、かつて培った営業力で雑誌に記事を売り込み、百貨店の催事に積極的に出店し続けると、じわじわと売れ出した。

「羽毛ふとんには羽毛ふとんのよさもありますが、木綿ふとんの重さを求める人もいる。日に乾かせるために清潔だし、打ち直しをすれば長く使える。植物性の天然素材なので燃やせば灰となって土に還るなど環境にも優しい。木綿に愛着を持つ人たちも多いのです」

一方で木綿ふとんだけでなく、手づくり座布団や木綿のトートバック、タオルや半纏など、新たなマーケットの開拓にも力を入れる。2011年には、藤子・F・不二雄プロと提携して「のび太のお昼寝座布団」というヒット商品も生み出した。新作の購買層は若者が中心で、木綿ふとんを知らない世代にも、「おたふくわた」ブランドは確実に浸透しつつある。現在はニューヨークやロサンゼルスにも販路を広げ展開している。

「寝具業からの撤退は、地元の新聞の一面で報道されるなど衝撃的でしたが、それでも今こうしてブランド復活に挑戦することができています。それは草創期の経営陣が、事業と並行して不動産を着実に取得してきたおかげです。今も売上げ的には不動産管理業が主で、『おたふくわた』は、まだ従の域は出ていません。本当の復権が可能かどうか、これからが本当の勝負だと思っています。そしてブランドの価値を次代につなげるためにも、100パーセントナチュラルコットンと国内生産という〝質〟へのこだわりは守り続けたい」と原田は決意を語る。

180年続く歴史の前半では、その後隆盛を極めた紡績事業に軸足を移すという機会もあった。だが先達たちは信念を持ち「おたふくわた」にこだわり続けた。「新たな挑戦の連続のなかで、自分が間違っていないか迷う時もありますが、もし2代目重吉と酒を酌み交わす機会があれば、きっと〝お前は間違ってない〟と言ってくれるはずです」

原田の名刺には「おたふくわた九代目」とある。まさにその矜恃がレガシーを支えている。

Profile

**原田浩太郎**（はらだ ひろたろう）

1972年、東京都出身。早稲田大学大学院卒。沖電気工業などに勤務後、2001年にハニーファイバー入社。2006年、代表取締役社長就任。2003年に「おたふくわた」ブランドを復活させる。FMラジオ局レギュラーをはじめメディアでの活動も多い。

**ハニーファイバー株式会社**

〒812-0013
福岡市博多区博多駅東2-2-2
博多東ハニービル
☎092-431-5231
創業：1840（天保11）年
事業内容：「おたふくわた」ブランドの手づくり木綿ふとんやエコ・リサイクル商品の販売。自社不動産の管理運営
https://www.otafukuwata.com

創業74年

## 群栄化学工業

# 化学と食品、二つのサイエンス技術を柱にシナジーを活かした新素材・新市場への可能性を拓く

代表取締役社長執行役員　有田喜一郎

フェノール樹脂を中心とした合成樹脂や高機能繊維を手がける化学品事業と、穀物シロップなどの機能性糖化製品を手がける食品事業を両輪に、70年を超える歴史を重ねてきた群栄化学工業。１９７９年には東証一部上場を果たし、群馬県を代表するメーカーとして高い存在感を誇る。環境への配慮がいちだんと高く求められる昨今、化学と食品の二つの合成技術のシナジー効果にあらためて着目し、今までにない新素材の開発と新事業に積極的に取り組んでいる。

世界最初のプラスチック（人工合成樹脂）と称されるフェノール樹脂。一般的にはあまりなじみのない言葉だが、電気絶縁性、耐熱性、寸法安定性、難燃性などのバランスに優れ、さまざまな工業生産の場面で用いられている汎用性の高い素材だ。

例えば、自動車の灰皿や鍋の取っ手などの成形材料として、あるいは自動車のエンジンなどの鋳物や砥石製品、半導体の封止材料やフォトレジストインク向けの原料などとして用いられる。特に後者の例のように、多様な素材との配合や合成が求められることが多いのが特徴で、そこに群栄化学工業が長年にわたって積み重ねてきた技術の強みがある。

「私たちの製品は、産業を支える黒子的な製品が中心ですが、だからこそ求められるものは多い。その期待にどう応えていくか、技術力・提案力などさまざまな力が必要となります」と、3代目社長となる有田喜一郎は、自らがこだわるべき使命を語る。

## 化学品事業の立ち上げ時の苦労を、食品事業が支えて現在の基盤が育った

会社の歴史は1946年、創業者・有田伝蔵が立ち上げた群馬栄養薬品がその始まりだ。「創業者は生後間もないころに大怪我をしたこともあり、自分自身で人生を切り開いていく意志が強かった人だと聞いています。子どものころにすでに傘に関する特許を出願したほどですから」

就職においても学歴も縁故もないところから、入社への思いをしたためた手紙を送り、その熱意が評価されて理化学研究所に採用された。そして夜学に通いながら仕事に取り組み、その後入社した理研合成樹脂では25歳という稀に見る若さで製造課長に抜擢されたという。

フェノール樹脂の技術へのかかわりは、この当時からあったようだ。しかし独立にあたって

は、戦後の食糧難という事情もあり食品分野からスタートした。日本では戦時中、芋でんぷんを発酵させてつくったアルコールを航空機などの燃料にしており、終戦と同時に需要が激減したことで行き場を失った大量の芋の再利用を考えたのだ。食品としての水あめやぶどう糖が当時の生産の中心だった。

工業用フェノール樹脂の生産はその5年後、1951年からスタートしている。事業を軌道に乗せるまでには20年近く苦労したようだが、その間の経営を食品事業が支えた。

「その後、事業の中心は化学品事業に変わりましたが、創業者は食品分野をやめることはなかった。それはこの時の経験が大きかったと思います。しかし、ずっと続けてきたことによる両事業のシナジーが、現在の私たちの個性になりつつある。この点は非常に感謝しています」

やがて同社の工業用フェノール樹脂「レヂトップ」は、業界を代表する製品へと育ち、特に自動車産業向けを中心に伸長。1974年に東証二部へ、その5年後には東証一部へと着実に企業のステージを上げていった。

このころ、同社の代表製品の一つとなる新たな素材が生まれている。それがフェノール樹脂を繊維化した3次元構造の高機能繊維「カイノール」だ。かねてからカイノール用の原料を供給していたが、ある時大手メーカーから共同事業の提案があり本格的に着手することになった。この素材の原理は宇宙開発の研究過程で生まれたもので、「難燃性が高く、活性炭としての特性

（左上）1950年代、群栄化学工業に社名変更したころの本社外観。（右上）食品事業の中心はでんぷん糖製品だが、飴などの個人向け商品も手がけている。（左下）世界で唯一生産を手がける高機能繊維「カイノール」

に優れる」という特長を持つ。安全性・環境性を高く求められる領域でニーズが高く、現在では世界でも同社のみが生産を手がけるオンリーワン商品となっている。

現会長となる2代目の喜一は、1988年に社長に就任。直後から生産拠点のスクラップアンドビルドやタイ現地法人の設立、「私たちの会社の規模からは分不相応なほど立派な」研究施設の新設など、「創業者気質に近い」というバイタリティの高さで、現在に至る基盤を着々と確立してきた。

また調査と分析の重要性を繰り返し社内で語っており、「調査・分析して、そのうえで方法論を見出し計画を立てれば、狙った結果は必ず出る」という持論は、今も同社の事業姿勢の底流にある。

ただその一方で、バブル崩壊後のデフレ経済に絶えず苦しんできた一面もあるようだ。

## 人を活かすこと以上に、人に活かされる経営者になること

東証一部上場というパブリックな側面と、創業家が代々事業を継承するファミリー企業的な側面。その両立の理想として、「市場の監視によってガバナンスの効いた組織でありつつ、中長期的な視点を大切に経営を遂行する。そういう会社でありたい」と語る有田は、かつてＭＢＡを学んでいた時に、ファミリービジネスについての論文を書いた経験を持つ。

その時にアドバイスされた「人を活かすこと以上に、人に活かされる経営者になること」との言葉に感銘を受け、今も経営を考えるうえでの重要な指針に置いているという。

最近は対話の機会を増やし、特に係長クラスとは少人数での昼食会を繰り返し開催。仕事やプライベートなど何でも話をして距離を縮めるとともに、気づいたことはしっかり指摘する。「融和と緊張感のバランス」を何よりも大切にしているという。

事業面におけるテーマは大きく二つ。新素材への取り組み、そして新市場を開拓するための提案力を高めていくことだ。この双方に、食品事業と化学品事業を併せ持つことが意味を持つ。「近年は、環境面・安全面への要求が高く、化学品事業のなかにも天然由来のものを取り入れる動きが強くなっています。例えばバイオマスフェノール樹脂やカーボンニュートラルな製品を開発しており、これらは大きな可能性を秘めています。一方で、日本産業技術大賞審査委員

会特別賞を受賞した3Dプリンタ用材料の開発も、鋳物業界向けに注目を集めています」

これらの新素材の価値を高めるためにも、新市場を提案する力が問われる。ASEAN地域を中心とした、さらなるグローバル展開も大きなテーマで、顧客のニーズに合った素材開発や活用法の提案力の強化はよりいっそう重要になってくるという。

「長く続いている事業を、ただそのまま受け入れるのではなく、『この事業には何を求められているのだろう』と絶えず原点に立ち戻る。歴史を大切にするからこそ見えてくる新たな挑戦、私たちはその可能性に絶えず貪欲であり続ける会社でありたいと思っています」

**Profile**


**有田喜一郎**（ありた きいちろう）

1971年、群馬県出身。日本大学大学院国際関係研究科、神戸大学大学院修了。1998年群栄化学工業入社。取締役管理本部長、常務取締役などを経て、2016年6月代表取締役社長、2018年6月代表取締役社長執行役員就任。

**群栄化学工業株式会社**

〒370-0032
群馬県高崎市宿大類町700
☎027-353-1818
創業：1946（昭和21）年
事業内容：化学品（合成樹脂・高機能繊維）、食品（澱粉糖類）及び不動産活用業
https://www.gunei-chemical.co.jp

# 守るべきは漁法としての鵜飼の技術。そのためにも社会を知り経営を学び、世界と交流することが重要

宮内庁式部職鵜匠「ぎふ長良川鵜飼」鵜匠代表
**杉山雅彦**

「宮内庁式部職鵜匠」という言葉を聞いたことがあるだろうか。日本でわずか9名[*1]、岐阜県長良川の「御料《ごりょう》鵜飼」に携わる鵜匠にのみ与えられた肩書だ。1300年を超える歴史と伝統の技術を後世に残すために、国家公務員[*2]であり、代々世襲によって親から子へと受け継がれるという特別な存在。「ぎふ長良川鵜飼」鵜匠代表の杉山雅彦氏は、「鵜匠としての資質を備えるには、やはり鵜匠を生業としたこの家に生まれたかどうかが大きな要素になっている」と語る。

＊1　岐阜市長良（長良川鵜飼）６名、関市小瀬（小瀬鵜飼）３名
＊2　非常勤特別職

## 織田信長の保護のもと、鵜飼は特有の文化として昇華していく

戦国ドラマの主役の一人、織田信長が天下統一に向けて居城とした美濃国稲葉山城（岐阜城）。その眼下を流れる長良川には、「鵜の習性を生かして鮎を獲る」鵜飼漁法が1300年の時を超えて受け継がれ、岐阜を代表する夏の風物詩になっている。

本来はあくまでも漁の形態の一つだが、その幽玄な美しさに魅かれた信長が、「見せる漁」としておもてなしの場に活用するとともに、「鵜匠」という地位を与えて手厚く保護。鵜飼は日本特有の文化として昇華していくことになった。

徳川家康も鵜飼の魅力に惹き付けられた一人だ。鵜飼見物の際に食した鮎鮨をことのほか気に入って幕府への献上を命じ、同時に鵜匠が優先的に鵜飼をできる特権を与えた。「将軍家御前御用」の鮎鮨の献上は幕末まで続いたという。

このように鵜飼は絶えず権力と近い距離にあり、優雅な娯楽として人気を博したが、明治維新により一変。将軍家の保護を失い、鵜飼漁法は消滅の危機に瀕することになる。

そこで宮内省は1890（明治23）年に、鵜匠に国家公務員の身分を与えるとともに、長良川に3カ所の御料場を設置。皇居へ献上するための鮎を獲る「御料鵜飼」として、その形を引き継ぐことになった。これが現在に至る長良川鵜飼の原型となっている。

「御料鵜飼」が実施されるのは、全国でもこの長良川だけ。2015年には、農林水産業にかかわる技術としては初めての「国の重要無形民俗文化財」の指定を受けており、日本の伝統・文化において長良川の鵜飼がどれほど特別な存在かがわかるだろう。

## 幼少のころから船に乗り、鵜と暮らす生活を覚える

杉山氏は、長良川鵜飼の鵜匠6名のうちの一人だ。代々「マルワ」の屋号を受け継いでいる。「宮内庁式部職鵜匠」に就任したのは、まだ大学生時代の18歳の時。父親の急逝を受けて、大学に通いながら鵜匠の仕事を習得していったという。

「鵜が楽に鮎を獲ることができているか観察したり、獲った鮎をスムースに吐かせたり。船の位置を確認しつつ、手元の手綱を捌き、篝火の面倒も見る。一度にしないといけないことが多くて、いつも精一杯でした」

さらに船の上以外にも大切な仕事がある。それは日々鵜の世話をすることだ。鵜はウミウと呼ばれ、1～2歳で連れてきて2～3年かけて環境に慣れさせる。その間、籠《かご》のなかで寝る習慣をつけさせたり、ストレスが溜まらないように日中は遊ばせたり、何よりもごく自然に人と一緒に過ごせるように、日常生活から覚えさせていかなくてはならない。

鵜飼に出る時には、飼っている20羽ほどの鵜のなかから体調や相性を見て10～12羽くらいを

組み合わせる。特に「半年を超える鵜飼シーズンを考慮して、その間の体力がしっかり続くような」長い目で見た選択が重要になる。

「幼少のころから船に乗り、物心ついた時には鵜と暮らす生活が身体に馴染んでいる。ごく普通にこういった生活をしていたからこそ、鵜匠の仕事ができる。世襲の仕事になる必然性は、このあたりにあるのではないでしょうか」

伝統の世界では後継者の確保が問題になりがちだが、長良川の各鵜匠は順調に親から子へと継承が進んできたという。「家を継ぐのが当たり前という意識だけでなく、仕事の面白さや社会的な価値も感じていて、私も息子も子どものころから鵜匠を継ぐ意欲を強く持っていました。他の家も同じはず。このあたりも世襲の仕事ならではの強みといえるでしょう」

## 鵜匠もただ船に乗っているだけ、鵜を操っているだけではだめ

長良川鵜飼の隆盛期は1970年代。NHK大河ドラマ『国盗り物語』の舞台が岐阜だったこともあり、このころ観覧船の乗客数は年間約30万人と、過去最高の盛り上がりを見せた。しかし今では10万人ほどと大幅に下落、船の隻数も3分の1になった。一方、自然環境の変化に伴い、鮎の収穫量も確実に減ってきている。鵜飼関係者には強い危機感がある。

「鵜匠もただ船に乗っているだけ、鵜を操っているだけではだめ」と杉山氏は語る。「今のお客さまは情報が豊富ですから、私たちはそれ以上の専門知識を持っていないといけません。外国からの来賓を迎えるためには、鵜飼だけでない幅広い分野で知識や見識が問われます。私たちの発する言葉一つでみなさんの興味が変わる、その自覚がとても重要です」

実は国家公務員といえども、収入のほとんどは観覧船の総売上げに応じたインセンティブとして支払われるもの。そのなかから船頭を雇い、船を直し、鵜を養う。経営者感性も強く求められる世界だ。とはいえ鵜飼の根本は、あくまでも〝漁〟。「その技術を守り継ぎながら、宮内庁のお勤め、そして岐阜の観光業としての役割を全うすること」が使命だという。

本来2020年は、大河ドラマ『麒麟がくる』の舞台として岐阜は盛り上がるはずだった。しかしコロナ禍によって期待は見事に裏切られた。ただ杉山氏は「変わるべきところがなかなか

進まなかった、その課題に取り組む大きなチャンスになる」と前を見る。

「テーマは鵜飼シーズン以外も楽しめる通年観光と、天候や観覧船のキャパシティに左右されない収益の仕組みづくりです。新設されたミュージアムを軸に、鵜や鵜飼の道具づくりを身近に感じてもらうツアーや、川岸からも鵜飼を楽しめるなど、特別な観覧のスタイルを提供したり、鵜飼という有力なコンテンツを生かした観光の多様性を考えていきたいと考えています」

技術、人材、漁獲量、道具、そして観光資源など、守るべきものが多い責任感は常に付きまとうが、コロナ禍であらためて実感した「鵜飼を楽しみに待っている人がこんなにもいる」という事実。そのたくさんの声が大きな心の支えになっているという。

宮内庁式部職鵜匠
「ぎふ長良川鵜飼」鵜匠代表

## 杉山雅彦
すぎやま まさひこ

1960年、岐阜市出身。父親の急逝を受けて、1979年に大学在学中に宮内庁式部職鵜匠拝命。1983年名古屋大学卒。2002年「ぎふ長良川鵜飼」鵜匠副代表、2017年4月に代表就任。

創業83年

# 勝沼醸造

## 日本固有種「甲州」と勝沼のテロワールにこだわり「和食に合うワイン」としてグローバルな価値を創出

代表取締役 有賀雄二

国際ワインコンクール「ヴィナリーインターナショナル」にて、2003―2004年と2年連続で銀賞を受賞し、日本のワインが国際的な舞台に立つ大きな流れを生み出した勝沼醸造。日本固有種である「甲州」にこだわり、「冷凍果汁仕込み」という独自技術の導入などを通じて、甲州ワインの新たな魅力と可能性を発信し続けてきた。社長の有賀雄二は、現在の日本ワイン人気を先導してきた最大の功労者の一人である。

「ワインづくりとは、その土地と携わる人に価値をつける仕事です。徹底して地域に根差し、風土性にこだわる。その結果として形づくられるものがワインなのです」。そう語るのは、甲州ワインの品質向上と世界的なブランド確立に心血を注いできた、勝沼醸造社長の有賀雄二だ。

「日本固有のぶどうに『甲州』という品種があります。1300年もの歴史を持ち、最大の産地が山梨県です。国内では食用が中心でしたが、起源を遡るとヨーロッパ系の品種で、ワイン醸造用として国際的な評価を満たすものです。であれば、とことん甲州にこだわることが、世界に伍するワインづくりの起点になるはず。そう信じて事業を進めてきました」

山梨県甲州市勝沼町は、言わずと知れた日本を代表するワインの産地。とはいえ世界的には、「ぶどうの生産は乾燥地が向いている」のが常識で、高温多湿の日本はそもそもの条件を満たしていないともいわれる。しかしその条件下で格闘し続けることを含めて、「すべてが風土性であり、地域に根差すことなのではないか」というのが有賀の持論だ。

甲州ワインの味の特徴は、キレのよさと繊細さにある。「寿司は緑茶、和菓子には抹茶が好んで飲まれるように、日本では味の余韻を一度切って次の食に進む文化があります。そこに甲州ワインの〝キレ〟が合います。また出汁の存在も日本食の大きな特徴ですが、その繊細で淡い味わいにしっかり寄り添うのも甲州ワインらしさといえるでしょう」

長い歳月を超えてこの地で生き抜いてきた「甲州」は、まさに日本の風土そのもの。「日本の食材や料理に合わないわけがない」と有賀は言う。「だからこそ、〝和食とともに楽しむワイン〟としての価値をしっかり発信し、勝沼らしいテロワール*1の形を追求していく。甲州ワインがグローバルな評価を確立するためには、それが王道であると考えています」

＊1　気象条件・土壌・地形・標高、さらに造り手までを含め、ぶどう畑やワイン醸造を取り巻くすべての自然環境を意味する

## 国際基準のワインを目指し、「冷凍果汁仕込み製法」で甲州の常識を変える

1937（昭和12）年、先々代の有賀義隣が製糸業を営む傍らワインの個人醸造を始めたのが、同社の創業だ。「このころはまだ『葡萄酒』と呼ばれた時代。地元では生活酒として日常的に飲まれていたものの、ワイン市場といえるほどのものはなかった。当社も並行してサイダーなどの清涼飲料水の製造販売を行っており、それが事業の中心でした」

しかし有賀は、「装置産業である清涼飲料水事業は資本力勝負。大手企業と競争していたら立ち行かなくなる時期が来る」と考え、事業構造を変えるべきだと先代の清弘に提言。1973年に主事業をワインとぶどう果汁の製造販売に切り替える。

当初から「世界に通ずるワイン造り」を目標に掲げ、シャルドネやカベルネ・ソーヴィニヨンなどの国際品種の栽培にも着手した。しかし、「環境が違う（生育期に雨の多い）日本の風土で同じぶどうを育てても、長い歴史を持つワイナリーには勝てないのでは」と試行錯誤のうえ、日本固有の品種に立ち返ることを決めた。もっとも周囲の眼は、「甲州で世界に認められるワインが造れるわけがない」と冷ややかなものばかりだったという。甲州は糖度が少なく、そのままでは必要なアルコール度数が確保できないというのが常識になっていたからだ。

この難題に有賀は、「冷凍果汁仕込み」という画期的な技術を採り入れた。甲州を搾って得た

（左上）2019年に登録有形文化財に指定された勝沼醸造主屋兼事務所。（右上）「アルガブランカ」ブランドの主要ワイン。中央がフラッグシップとなる「イセハラ」。（左下）ぶどう畑を見渡すことのできる丘の上にある直営レストランテ『風』と店内

果汁を凍らせ、凍ってない部分のジュースだけを抽出することで糖度を高めるというものだ。

　そして1993年に、この手法による初めての白ワインを完成させると、1999年産を出品した「ヴィナリーインターナショナル」[*2]では、世界35カ国2300種類の出品のなかから、見事に銀賞を受賞。翌年も連続して銀賞を受賞する。

　この快挙を機に、有賀は甲州のポテンシャルに確かな手応えを感じたが、一方で周りからはいぶかしがる声が出てきた。顧客、同業者、ソムリエ、ジャーナリストまでが、「勝沼醸造の甲州はおかしい」「何か変だ」と、喧伝したのだ。

　しかし有賀は、「変だ」と評されるからこそ世界に通ずるワインになることに気づいた。そして「変な甲州を造る」ことが、自分たちが目指すワイン造りであるとの確信を得た。

＊2　フランス醸造技術者協会が主催する国際ワインコンクール

こうして、生まれたブランドが「アルガブランカ」だ。独創的なラベルデザインを採用し、あえて日本酒を得意とする地酒ショップに販路を絞り、高付加価値戦略で攻勢をかけていった。

## 甲州ワインのブランド力を高めるため、目指すは日本のトップワイナリー

ぶどう農家との関係づくりも重要なテーマだ。かつて海外の低価格ワインの流入により、大手メーカーが原価の高い国産ぶどうの購入から一斉に手を引き、多くの生産者が窮地に陥ったことがある。同社は勝沼の地場資本のワイナリーとともに、全面的に買い上げ経営を支えた。「ワインのためのぶどうを栽培してくださる農家の皆さんと、どれだけ共存共栄の形をつくれるかは、ワイン造りの根幹です。私たちがブランド力の向上や高価格帯の販売にこだわるのも、より高い価格で購入し、ワイン用ぶどう栽培に夢を持ってもらえるようにしたいからです」

そんな農家との関係性と同社のこだわりを示す象徴的なエピソードがある。それは最新のぶどう選果機を導入しようとした時のことだ。「よいぶどうだけしか使わなければ選果機は必要ないんじゃないの、と長男に言われたのです。その代わりに、収穫箱を洗う機械を導入しようと」。いつも、きれいな収穫箱を農家に渡せば、ぶどうを大切に扱う姿勢が伝わる。そうすると、農家もよいぶどうを選んで、丁寧に箱詰めする。そのほうがずっとよいワインになると。「ワインはブランド事業だ」と有賀は言う。「品質や地域性、受賞歴、飲まれるシーンなど、そ

こにはさまざまな要素がありますが、純和風のワイナリーという歴史的な重み、『よいものにこだわる』受け継がれてきた企業文化も大きな強みになっています」

今後の拡がりとして見据えているのは、日本一のワイン産地であり、首都圏からも非常に近いという勝沼の地域の特性を生かしたワインツーリズムの実現だ。

「そのためには、まず私たち自身が、世界に通ずる品質の日本ワインを安定的に生産し、高いブランド力を確立すること。私たちが輝きを放つことが結果的に勝沼の魅力を高め、甲州ワインの評価を上げていくことにつながると確信しているからです」

Profile

**有賀雄二**（あるが ゆうじ）

1955年、山梨県甲州市出身。東京農業大学醸造学科卒。1978年勝沼醸造入社、1999年代表取締役に就任。

**勝沼醸造株式会社**

〒409-1313
山梨県甲州市勝沼町下岩崎371
☎0553-44-0069
創業：1937（昭和12）年
事業内容：勝沼に根ざしぶどう栽培から醸造までを一貫して手がける老舗ワイナリー
https://www.katsunuma-winery.com

創業71年

# ホソカワコーポレーション

代表取締役 細川恵多

## 輸入車のカスタムという独自の分野で全国にコアな顧客を持つのが圧倒的な強み

タイヤショップとして創業し、1993年から輸入車のカスタム分野にフォーカスして急成長を遂げた。中古輸入車の販売や、海外から自動車部品をダイレクトに輸入するなど多様なニーズに対応。他社に真似のできない顧客満足度の高いサービスを実現している。現代表から屋号を「bond（ボンド）」に変更、店舗数も拡大した。創業70年を超え、世の不況にも揺らぐことなく進化を続けるのは、〝本当に欲しいと思うもの〟を提供し続けているためだ。

さいたま市桜区、国道463号線沿いの一等地にある「bond urawa」のショールーム。広い店内には、ポルシェやBMW、ベンツやマクラーレンなど、きらびやかな高級輸入車が展示されている。一見すると、ハイエンドの中古輸入車ディーラーだが、実はボンドは、輸入車のカスタムの分野で根強いファンを獲得してきたブランドだ。

「輸入車のなかでも、これは〝いじれそうだな〟というグレードのクルマがあります。ミニならばミニクーパーS、BMWならばMシリーズ、ベンツならばAMGなど。当社が扱うのもそうしたカスタムしたくなるクルマが主体。お客さまを含めて、いわばクルマ趣味人間の集まりなんです」。ホソカワコーポレーション3代目となる細川恵多は、そう説明する。

屋号のボンドは、ジェームス・ボンドのボンドではなく、接着するほうのボンド。いろいろなものをクルマに「くっ付けて」、日本一格好いいクルマにする。顧客の要望は、一言でいえば「くっ付けて」に集約される。だから、屋号をそう定めた。

輸入車のマーケットは国内全体の9パーセント程度に過ぎず、なかでもカスタムに関心を持つクルマ趣味人間は決して多くはない。だが全国に一定数存在する。同社は、そのマニアックなクルマ趣味人間を掘り起こし、コアの顧客としてしっかり獲得しているのだ。

「新車とは違うマーケットで、世の中の景気に左右されないのが特徴。例えば景気が悪くなると、マニアックなクルマが市場に放出され、それを待っていたコレクターが購入する。だからリーマンショックの時もコロナ禍においても、売上げはほとんど変わらなかった」

細川によれば、現代は「本当に欲しいと思うもの以外は売れない」時代。クルマが唯一無二の存在であればあるほど、それを求める顧客は必ず現れるのだ。

## 1993年、輸入車にフォーカスした事業展開へ大きく舵を切る

同社は1949年、埼玉県浦和市で産声を上げた。そのころはまだチューブレスタイヤはなく、創業者はタイヤの〝パンク修理屋〟だったという。やがてタイヤメーカーと代理店契約をしてタイヤ販売を開始。1971年にはピレリータイヤ専門店を設立した。しかし先代までは事業を拡大する意欲はあまりなく、2店舗での営業に留まっていた。転機は1993年、輸入車にフォーカスした事業展開へ大きく舵を切った時だ。

「きっかけは、23歳で視察に行ったフランクフルトのモーターショー。新車だけでなく、カスタムのメーカーも出展していて、それがすごく綺麗に見えた。海外ではチューニングメーカーの評価が高く、キラキラと輝いていた。こんなにセンスがいいカスタムの世界があるならば、その路線でやっていこうと決意したんです」

細川は整備士学校を卒業後、1店舗を任されカスタムを行っていたが、「暴走族のたまり場のようなもので（笑）」職場環境はあまりよくなかった。視察後、さっそく輸入車のパーツを海外から取り寄せ、輸入車向けのカスタムをスタートした。

「しかしなかなか認知は広がらず、クルマ雑誌の『ル・ボラン』に初めて広告を出したんです。当時は大金だった20万円を投じて、自分で写真を撮って記事を書いて。ドキドキでしたね。で

（左上）1970年ころ、前身である細川タイヤ時代の写真。（右上）本社に併設された「ボンドショップ浦和」外観と、（左下）ショールーム内部。カスタムされた世界の高級車が並ぶ

も広告を出したらお客さまが徐々に増えてきた。広告の効果をその時初めて実感しました」

実績がなかったので知識と技術を究めることに全力を尽くした。最初は半信半疑だった顧客も、実際にカスタムされたクルマに満足し、評判が口コミで広がった。週末ともなれば店の周りにクルマの行列ができて、近所から苦情が来るほどの人気店舗になった。

「バブル崩壊のころ、近隣でディーラーの店舗が立て続けに閉鎖されました。空いた店舗を銀行から紹介されたのが、この浦和店です。ショールームがあったので、他社のトップセールスの人材を引き抜き、『ｂｏｎｄ ｃａｒｓ』として中古輸入車の車輌販売も開始しました。当社にとってバブル崩壊はピンチではなく、飛躍するチャンスになったんです」

## 幅広い業界からの参入でクルマはもっと多彩になり、もっと面白くなる

現在は全国に11店舗を展開している。板金やミニ、オーディオの専門店など、店舗の種類は多彩だ。同業他社は存在しないと細川は断言する。そもそも海外の有力な輸入元と代理店契約を結び、ダイレクトに商品を仕入れる会社は少ない。

「海外から用品を仕入れる際は、必ず現地を訪れて実際につくっている人たちと話をします。背景のストーリーを含めお客さまに商品を提供したい。カスタム屋はイメージの蓄積が大事で、認知されるまでコストも時間もかかる。簡単に真似のできない業態です」

いまや若者のクルマ離れが話題になっている。今後はカーシェアなどが進むため、クルマを所有する人口の減少も予想される。だが、細川の見立てはそれとは逆だ。

「むしろ、これからクルマの車種は多彩になると思う。中国には電気自動車のメーカーが100以上あり、SONYやグーグル、アップルも自動車産業に参入する。その一方で、ガソリン車はなくならないし、クラシックカーもヤングタイマー[*1]もある。世界には、まだ日本で知られていない個性的なプライベートチューナーもたくさんある。クルマはもっと面白くなるはず」

同社の強みは顧客のロイヤリティの強固さだ。地方納車も厭わないため、格好いいクルマを届けてくれる信頼感は全国に浸透している。そうしたコアの顧客が離れない限り、事業は継続

＊1　登録初年度から15～30年ほど経過した旧車とまでは至らない少し古い車。近年人気になっている

する。受け継いできたのは、クルマに対するひたむきな愛情なのだ。
細川には夢がある。それは新しい形のクルマのモーターパークをつくること。「ドイツには工場跡地などを利用した愛車を置くスペースがあり、休日には多くの人が訪れます。そこでメンテナンスもクルマの売買もでき、クラブチームのイベントも開催できる。カフェや商業施設もあり、テーマパークのように家族で楽しく時間を過ごせる。クルマ趣味人間にとって、そんな幸福な空間を日本にも創りたい」。クルマ好きが求めているものは何か。その終わりなき探求が、細川にとっての使命であり大きな楽しみなのだ。

Profile


**細川恵多**（ほそかわ けいた）

1968年、埼玉県出身。整備士学校を卒業後、1986年にホソカワコーポレーション入社。1996年、代表取締役に就任。

**株式会社ホソカワコーポレーション**

〒338-0823
埼玉県さいたま市桜区栄和4-1-1
☎048-851-4411
創業：1949（昭和24）年
事業内容：外車自動車販売及び部品小売、卸売
http://www.hosokawa.co.jp

創業70年

## 満寿屋商店

# 「2030年、十勝がパン王国になる」をビジョンに地域との共存共栄を図り、豊かな食文化の未来を育む

代表取締役社長 杉山雅則

1950年の創業以来、「ますやパン」の愛称で親しまれてきた満寿屋商店。常に周りへの感謝と地域との共存共栄の姿勢を大切に、いくつもの新たな挑戦を積み重ねてきた。その大きな特徴は、地元十勝産の食材にこだわってきたことだ。特に小麦は農業生産者とともにパン向け品種の普及に努め、「十勝産小麦100パーセント」のパンづくりを実現した。今後はフラッグシップ店舗「麦音《むぎおと》」のさらなる拡充で、地産地消を軸とする独自の食文化の創造に力を入れる。

「十勝の豊かな食の恵みをより多くの人に知ってもらいたい」「パンを通じて、地産地消の新たな形を構築していきたい」

満寿屋商店社長、杉山雅則のこの熱い思いを起点に、敷地面積1万2000平方メートル、

単独ベーカリーとして日本一の敷地面積を誇る「麦音」が、帯広市に完成したのが2009年のこと。開業当初から多くの地元市民に愛され、一方で観光スポットの定番として、年間来店数30万人、多い日は1万個近いパンを販売する超人気施設になっている。

敷地を見渡せば小麦畑がいっぱいに広がり、店内に入ると小麦を挽く水車や石臼の音とともに、オープンキッチンでパンが焼き上がる様子を間近に見ることができる。焼き立てのパンを食べることができるカフェスペースは、夏ともなれば屋外にも席が並び、芝生の上にも客が溢れる。まさに「育てるところから食べるまで」小麦のすべてを体感できる空間だ。

この着想の原点は、杉山が入社前にヨーロッパを回った経験にあるという。「国や地方それぞれに固有のパンがあり、地域の農業と根づいて発展・熟成されてきた歴史を持つ。その文化を日本で再現したいと考え、会長（母の杉山輝子）に協力を仰ぎながら推進してきました」

振り返ってみれば、当時のパン屋が使う小麦はほとんどが輸入品。使用する食材も地産にこだわることは稀で、日本中どこでも同じようなパンが並んでいた。

しかし十勝なら、〝らしさ〟を存分に発揮することができる。小麦の生産は国内首位で、イースト菌の研究でも市場をリード。バター、チーズ、砂糖、小豆、ハム、とうもろこし、ジャガイモなど、パンの主たる原料や具材のいずれにおいても、日本を代表する産地なのだ。

特に同社は、「十勝産小麦100パーセントのパンづくり」を進めてきた第一人者であり、その優位性も自負もある。そして何よりも、創業以来受け継がれてきた「地域との共存共栄」を大切にする企業姿勢が大きな推進力となり、今の立ち位置を築いてきた。

## 受け継がれてきた十勝の歴史と風土の延長に、会社の今の成長がある

「創業時のお客さまの中心は地元の農家さん。農作業の合間に食べてもらえるよう、甘い味のパンが特徴でした。一方、仕入れる食材の多くも農家のみなさんがつくったもの。まさにお客さまの発展が、そのまま私たちの発展だったのです」

そんな同社の歴史は、創業者の杉山健一が1950年に帯広の中心地にオープンした「満寿屋」に始まる。東京で修行をしていた健一の腕は確かで、丁寧な商売もあって、早くから店は繁盛したという。その後息子の健治が2代目を継ぎ、道内屈指のパン屋へと成長させる。

しかし、健治には忸怩《じくじ》たる思いがあった。それは十勝が日本に誇る小麦の最大産地でありながら、店で使う小麦が輸入品だったことだ。そしてある日、「このパンの小麦は国産を使っているの」と客に問われたことを機に、新たな挑戦への意欲はより強いものとなる。

当時の十勝の小麦は、大部分がうどん向けだった。やがてパンに使える「ハルユタカ」が誕生したが非常に栽培が難しく、健治は地元の農業生産者と一緒に独自の栽培方法に挑戦。苦難の末に1989年に全国で初めて、北海道産ハルユタカを使用したパンの販売にこぎつけた。

（左上）「麦音」の店舗建物正面。現在、十勝地区と東京に直営8店舗を展開する。（右上）満寿屋商店の看板商品「とろ～りチーズパン」。独自技術の「宇宙冷却」を用いて焼き上げている。（左下）創業のころの満寿屋商店外観

だが結局、ハルユタカは量産には向かなかった。その後10年ほど紆余曲折の時期が続き、2003年に「キタノカオリ」[*1]が登場したことで、あらためて本格的なスタート地点に立つ。「もっとも、新たな品種栽培に乗り出すことは農家さんにとってリスクが高く、成功したからといって販売単価が上がるわけでもありません。ですから十勝産パン用小麦は、地域の皆さんの挑戦意欲と十勝を思う気持ちの強さに支えられて実現できたもの。まさに『晩成社』依田勉三[*2]の時代から連綿と受け継がれる開拓精神と地域の風土の延長に、私たちの今があるのです。それを忘れてはいけません」

その言葉を裏づけるように、同社では『十勝学』という研修の機会を設けている。歴史を学び農業の現場を訪れたりしながら、スタッフの十勝に対する理解を深めることに力を入れているのだ。

＊1　現在は５種類の十勝産小麦をブレンドして使用している
＊2　晩成社ならびに依田勉三については、41ページ（菱中産業のページ）参照

## 十勝産小麦の価値をもっと高めるために東京進出。全国的な認知を狙う

「保存性がよく、持ち運んでどこでも手軽に食べられ、発酵食品として栄養面も優れている。もちろん美味しい。また小麦はグルテンを豊富に含み、加工適性が広いため、さまざまな形状や食べ方に対応することができます。この特性があるからこそパンは世界中で愛され、その地域の食文化に合わせて進化してきたのです」と、杉山はパンの魅力について語る。

製造・流通過程では、農業生産者、製粉会社から、流通業者、パン加工業者、パンに使う食材の生産者やメーカー、パンを使ったメニューを出すレストランなど、かかわる業種が多岐にわたることが特徴で、「パンがたくさん売れれば、地域の皆さんにも貢献することができる。町おこしには最適な業態だと思うのです」と、熱く言葉を続ける。

一方農家は、収穫した小麦がどう食べられ、どう評価されたか知るよしもない現実があった。しかし同社なら「地元の小麦農家も消費者となる」地産地消の強みを活かして、農家の生産モチベーションを上げることができる。小麦以外にも新たな食材を積極的に取り入れ、共同開発を行うなど、その関係性の強さが地域全体の技術や意欲の底上げを生み出してきた。

そして「十勝の農業そして十勝産小麦の価値を高めるには、もっと全国規模で認められる必要がある」と考えた杉山は、2016年に東京へ進出を果たす。「十勝産小麦100パーセント

のパン」のコンセプトは、消費者の国産志向の高まりにも乗り、一躍人気となった。メディアの取材も一気に増え、知名度浸透においても大きな意義があったという。

現在同社が経営の中軸に置くのは、「2030年、十勝がパン王国になる」のビジョンだ。今後「麦音」を今の3倍ほどの規模に拡大し、施設の充実はもちろん、教育や地域のブランド化などソフト面にも注力。究極の十勝パンを実現し、「十勝パンブーム」の到来を目論む。

「パンを食べることは小麦を食べるということ。十勝の小麦のよさを伝えるには、何よりもパンが美味しくなくてはならない。その愚直な追求が私たちのいちばんの使命だと思っています」

Profile

**杉山雅則**（すぎやま まさのり）

1976年、北海道帯広市出身。第一工業大学卒。米国の製パン研究所を経て、帰国後東京の製粉会社に就職。2002年満寿屋商店入社。東京営業所長、専務取締役を経て、2007年に代表取締役社長就任。

**株式会社満寿屋商店**
（本部事務所）
〒080-0027
北海道帯広市西17条南3-50-17
☎0155-58-4690
創業：1950（昭和25）年
事業内容：十勝産小麦にこだわったパンの製造販売、直営店展開
https://www.masuyapan.com

創業121年

# 藤森商会

## 〝朝食べてまた夜食べたくなる〟インデアンのカレー 十勝の人の心と暮らしに溶け込むソウルフードに

代表取締役社長 藤森裕康

目指すのは、第二のおふくろの味。安くて美味しくて、毎日食べても飽きない、懐にも優しいカレー。藤森商会が展開する「インデアン」は、絶えず顧客の気持ちに寄り添い、豊かな十勝の食文化とともに、長い歴史を歩んできた。その高い人気を下支えするのが、同社独自の人づくり、企業風土づくりへのこだわりだ。「ホワイト企業宣言」を掲げ、労働環境の整備・改善に注力。「人が辞めない」「長くずっと働ける会社へ」と大きな変貌を遂げている。

北海道帯広で生まれ育った子どもが、初めて「インデアン」の店舗を訪れカレーを頼んだ。一口頬張ると、いつも家で食べているカレーの味とそっくりで驚いた。帰宅後、母親にそのことを告げると、「それは当たり前よ」との返事が。「うちのカレーは、いつも『インデアン』で買ってきたものを出しているんだから」

そんなコントのようなエピソードも、地元の人なら誰しも当然のように受け止めるだろう。それほどまでにインデアンカレーは、十勝・帯広のソウルフードとして愛されてきたからだ。

この裏づけの一つにあるのが、同チェーンのテイクアウトの多さだ。社長の藤森裕康に聞くと、全体の4割にも上るという。さらにその半数以上が、「自前の鍋を持って訪れ、店頭でカレールーを入れて持ち帰るお客さま」であり、これが他に類を見ないであろう特徴だ。家庭はもちろん、オフィス内の会合や、運動会などの各種イベントまで、食事の輪の中心にいつもインデアンカレーの鍋があることが、この町ではごく日常的なことなのだ。

ちなみに、同社が年間に提供するカレーは直営12店舗で280万食ほど。対して十勝圏の人口は約35万人。地元への浸透度が桁違いであることが実感できるだろう。

## 「なんでも屋ではなく専門店へ」。将来を見据えた先代の着想が成長の起点

十勝地区の本格的な開拓の始まりは1883年、帯広駅の開業が1905年。この数字からもわかるように、1899年創業の藤森商会はまさに当地の歴史とともに歩んできた企業だ。

創業者の藤森熊作は、当初材木商を志していたという。しかし十勝川の大洪水ですべてを流され途方に暮れるなか、渡船場で饅頭などの販売を始めた。やがて帯広に鉄道が通ると、駅の

構内営業の権利を取得し、丼物などの食事の提供を手がけるようになった。

その後1930年に、現在の「ご宴会・お食事 ふじもり」の原点となるレストラン事業をスタート。駅前の一等地に店を構え、町のシンボルともいえる存在になる。

現在の事業の中核となる「インデアン」は、「ふじもり」の人気メニューの一つだったカレーにスポットを当て、1968年に専門店として立ち上げたものだ。

考案したのは先代の照雄。「将来飲食店は、〝なんでも屋〟のカタチでは難しくなる。『これを食べるならこの店』と言ってもらえる店にならないといけない」と考え、「毎日朝晩食べても食べ飽きない家庭料理のような存在。世代を超えて誰からも愛される味のカレー」をコンセプトに掲げた。開業までの2年間、全国のカレー店を食べ歩いて独自の味づくりに腐心したという。

開店当初から人気は爆発した。1号店は約6坪20席弱の小さなお店。しかし多い日は1300名もの来店があるほど、想像を絶する忙しさだったようだ。

店舗運営のあり方は、すでにこのころその多くが形づくられている。入りやすさ、親しみやすさを重視した、明るい雰囲気の内外観とオープンキッチンの採用。手間暇をかけた味へのこだわり。開業時は100円、現在も462円[*1]という「懐具合を心配しなくても食べられる」手ごろな価格設定。そしてお客さまを待たせないスピーディーな対応など。

一方で、トッピングの設定やカツの大きさなど、顧客からの声に柔軟に対応してサービスの

＊1　定番の「インデアン」の店内提供での税込み価格。お持ち帰りルーは税込み345円

（左上）インデアンカレー1号店外観（1968年ころ）。1杯100円という手ごろな価格で、開店早々から爆発的な人気となった。（右上）牛肉をふんだんに使い数十種類のスパイスで熟成させた、定番の「インデアン」。店内価格は462円（税込）。（左下）「インデアンまちなか店」外観（帯広市西２条南）

質を改良してきたものも多い。「お客さまに寄り添い、育てられて今がある」と藤森は振り返る。

冒頭に紹介した「鍋のテイクアウト」の開始は1990年ころ。ダイオキシン問題など環境意識の高まりを受け、「テイクアウトに使う容器を少しでも減らすこと」が狙いだった。顧客の反応もよかった。車での来店が多い土地柄であり、「これは便利」と重宝がられたのだ。

店舗の拡大は1号店オープンの翌年から始まり、これまでに12店舗を出店している。しかし「拡大ありきではなく、あくまでも人が育ってから」がポリシー。現在も、全国の商業施設から出店依頼が来るというが、徹底的なドミナントを貫いている。その結果、出店した全店舗が閉店することなく現在も営業している[*2]といい、同社の事業の底堅さを顕著に表している。

＊2　移転による閉店が1例あるが、営業は継続している

## 「尊敬される店長」を育て、待遇を変えることで自然とよい循環が生まれてきた

2001年に事業を受け継いだ藤森の使命は、一貫して「働き甲斐がある職場づくり」のための仕組みや企業文化の構築にある。「正直なところ、以前は本当にひどかった。古い体質に縛られた部分が多く、忙しさにかまけて会社も手を付けられずにその環境を放置していた。『自分たちは使い捨ての駒にされているのではないか』、そんな不満を何度も聞かされました」

悩んだ藤森は、ある日「ホワイト企業宣言」を打ち上げる。「唐突のことに社員はみなびっくりして半信半疑だった」というが、藤森は本店閉鎖の可能性も否定しないなど、会社の存続をかけて不屈の覚悟で取り組む。「休みをしっかりとる。残業を減らす。何よりも働くスタッフのみんなを大切にすること」をテーマに掲げ、営業時間を短縮し週休二日体制を整備した。

職場環境を整えて社員が家庭サービスに割ける時間が増えれば、働く環境はさらによくなると考え、「まずは従業員の幸せから」という姿勢を明確にしたこと。そして誰もが店長になりたくなるような給与待遇に変え、「この店長のためなら」と思ってもらえるような店長を育てることに注力。「これらの相乗によって自然によい循環が生まれてきた」と藤森は振り返る。

社内イベントも大切にしている。恒例の「みんなの集い」は、思いっきり楽しむのが信条で、抽選会では10万円の旅行券や人気家電などの目玉商品を多数用意。長期勤続表彰も実施し、「パ

ートさんが涙を流しているのを見て、私も込み上げてくるものがあった」と、その意義を実感したという。ほかにも定年制度の撤廃やカムバック制度を設けるなど、長く安心して働ける環境づくりを推進し、「この数年は社員が辞めないようになってきた」と、その変化は著しい。

「食の宝庫である十勝で仕事ができること、十勝の人たちに育てられて今があること、その感謝を大切にする会社でありたい」と藤森は言う。「その恩返しのためにも、『藤森商会がこの町にあってよかった』『藤森商会と仕事ができてよかった』と地域の皆さんから言ってもらえるように」。それこそが本望であり、永遠のテーマであり続けるのだと。

Profile

**藤森裕康**（ふじもり ひろやす）

1961年、北海道帯広市出身。東北学院大学法学部卒。辻調理師専門学校を経て、大阪の日本料理店に勤務。1987年に藤森商会入社。2001年、代表取締役社長就任。

**株式会社藤森商会**

〒080-0012
北海道帯広市西2条南11-8
☎0155-26-2226
創業：1899（明治32）年
事業内容：ご宴会・お食事のふじもり、カレーショップ インデアン経営
http://www.fujimori-kk.co.jp

創業72年

# 桂記章

## 〝観光記念グッズのパイオニア〟がこだわり続けるものは顧客に寄り添い、商品への「思いをカタチに」すること

取締役社長
澤田幸宏

社章、メダル、キーホルダー、ピンバッチ、タイピンなどの製造で、国内有数のシェアを誇る桂記章。年間生産数２５０万個という数値はもちろん、警察や消防、自衛隊などの国家的な機関、日本を代表するスポーツイベントなどで圧倒的な実績を誇るのが第一人者たる所以だ。強さの要因は、この業界では珍しい企画・デザインから製造、量産までの一貫体制を持つこと。そして何よりも創業から受け継がれた「思いをカタチにする力」にある。

街を代表する名所や、物産・風物詩などをモチーフにした、多種多様な形のキーホルダー。観光地や駅・空港などの売店のお土産の定番として、特に昭和の高度成長期を過ごしてきた人にとっては、旅行のたびに買い集めた懐かしい思い出があるのではないだろうか。

この観光キーホルダーという商品の歴史に深くかかわっているのが、石川県金沢市に本社を構える桂記章だ。「明確な出典こそありませんが、メディアから『観光記念グッズの元祖』などの特集で取材されることも多く、この文化が普及する過程で私たちの果たした役割は大きかったのではないかと自負しています」と、3代目社長の澤田幸宏は語る。

創業は1948（昭和23）年。戦前から旋盤工として腕を磨いていた澤田岱里《たいり》が、地元時計店からの依頼で記章づくりの下請けをしたことをきっかけに、事業の可能性に着目。独学で製造技術のノウハウを積み、澤田記章製作所を立ち上げたのがその始まりだ。

プレス機1台からスタートし、言葉通り「寝食を忘れて」仕事に没頭した岱里は、やがて下請けだけでなく自ら顧客獲得に乗り出す。自転車の荷台に記章のサンプルと製品見本を括り付けて、地元の企業や学校などをこまめに回り、事業は少しずつ軌道に乗っていった。

## 観光キーホルダーの市場を牽引。最盛期は納品1年待ちのフル稼働

経営の大きな分岐点は、長野県の観光事業者からの依頼で、登山記念のバッチ製作を手がけたことだ。石川県外にも仕事が広がったこと、そして観光記念グッズという新たなジャンルの開拓に道筋をつけたことで、明確な事業の柱を見出したからだ。その後、日本が高度成長期を迎えるなかで観光ニーズは高まり、取引先は全国津々浦々の観光地へと広がった。

さらに岱里は、「今後モータリゼーションの進展によって、家と車と複数の鍵を持つ習慣が増える」と考え、キーホルダーとしてのグッズ製作に力を入れた。この読みは見事に当たり、お土産の定番として全国に浸透。業界の第一人者としての評価を確立していく。

「先見の明、その着想を実現する行動力が図抜けていて人脈も広い、とてもタフな人でした。お客さまも取引先も社員も、すべて対等に誠心誠意接することをポリシーにしていて、面倒見も非常によい。多くの人に慕われており、私もすごく好きでした。葬儀の時は参列者のほとんどが号泣していて、その光景は今でも強く覚えています」と澤田は振り返る。

岱里の息子は二人。長男の幸壮が2代目社長に就任し、弟の雄壮が生産部門を担当する形で事業を受け継ぐ。幸壮は1年の大半は出張に出るほど、既存顧客を丁寧にフォローしながら、会社の基盤づくりに力を入れた。半面、経営面では保守的な部分も多かったようだ。

「最盛期は注文が多すぎて工場が捌きされず、納品に1年待ってもらうような状況だった」という観光キーホルダーの市場は、平成の時代を迎えるとともに一変。ファンシー業界の参入、さらに菓子類が新たなお土産の定番になったことなどで急速に縮小していった。

そのさなか修行先の岐阜の会社から急きょ呼び戻され、事業の再構築に奔走したのが現社長の澤田だ。市場の減速の影響だけでなく、慢性的な利益構造の弱さもあり、「既存の事業の原価を切り詰めるだけでは限界がある」と、新市場への挑戦と商品単価の向上を命題に掲げる。

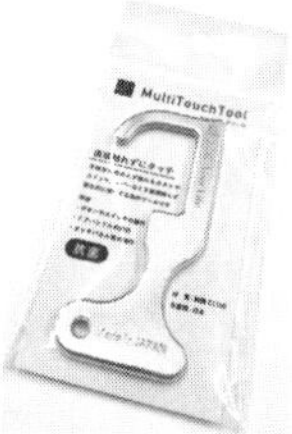


（左上）桂記章の成長の基盤をつくった多種多様な観光キーホルダー。（右上）業界では珍しい全自動大型プレス機を保有。大量生産への対応を可能にする。（左下）澤田社長がいつも挨拶代わりに持ち歩く実物大の小判製品。（右下）コロナ対策グッズとして大ヒットとなったマルチタッチツール

「中国から圧倒的に安い製品が入り、同じ土俵で勝負しては話にならない。であれば海外企業が参入しにくい業界はどこか」。そう考えた末に目を付けたのが、自衛隊だった。

「当初は情報も少なく、受注にこぎつけるまでは苦労しましたが、ピンバッチで実績をつくると、その信頼をもとに取引額は大きくなっていきました。同様に警察や消防など、日本を代表する公的機関を少しずつ開拓していったのです」

一方で、高齢化社会の進展によるウォーキング大会の急増にもヒントを得た。主催者に参加者への記念メダルを提案すると、これが全国規模へと拡大する。さらにマラソン大会などの大型のスポーツイベントやボーイスカウトなどにも実績を広げ、観光記念グッズ頼みからの事業の転換は順調に進んでいった。

## OEMだけでなく自社商品も強化。社会になくてはならないものを提供していく

「私たちの事業を一言で表すと〝バッチ屋〟ですが、必ずしも何を売るかが先ではありません。まずは取引したい会社や機関を探すところから始まります」と澤田は独自のスタンスを語る。「そして足繁く通う。10回訪問すれば必ず仕事の糸口は生まれます。そこで心開いてもらえる関係になって、何が提案できるか考える。その順番だと思っています」

この営業スタイルを可能にするのが、同社ならではの一貫生産体制だ。アイデア出しから、デザイン、造形（粘土彫刻）、金型、プレス加工、仕上げまで、モノづくりに必要な工程を社内で完結する。「この業界は分業体制が主流で、携わる会社の規模は非常に小さい。私たちの会社に来られた方はみな、この規模で製造していることに驚かれます。ニーズに柔軟に対応できてスピードが速い。小ロットから1万個単位の量産も可能。こんな会社は他にありません」

しかしライバルは国内だけではない。中国企業の価格競争力は変わらず脅威だ。そのなかでも優位性を持続する武器が、創業以来大切にしてきた「思いをカタチにする力」だという。

澤田の頭のなかには無数のアイデアがある。時間があれば自分で図面を引き、サンプルをつくっては、その可能性を確かめたりもする。コロナ禍の拡大過程では銅製のマルチタッチツール[*1]を開発し、ヒットを飛ばすなど「時代に合わせた変容力」も大きな強みだ。

＊1　ボタンやレバーなどに直接触れずに操作するためのタッチ補助ツール

一方で澤田個人のアイデア頼みだけでなく、現場の底上げにも力を入れてきた。その代表例の一つが女性チーム「ありんこ企画」による商品開発だ。石川県のご当地キャラ「ひゃくまんさん」のピンバッチは期待以上の売上げとなり、「加賀手まり飾りゴム」は、おみやげグランプリ2017の奨励賞を受賞。その結果に澤田も思わず涙したという。

「これまで事業のほとんどがOEM事業でしたが、今後自社商品を2割くらいまで上げていきたい。テーマは社会の必需品、衣食住あたりが対象でしょうか。そんな今後の進化を社員みんなでつくりあげていく。その舞台づくりをすることが私の大事な役割だと考えています」

**Profile**

**澤田幸宏**（さわだ ゆきひろ）

1965年、石川県出身。1984年澤田記章（現・桂記章）入社。岐阜の企業への1年半の出向を経て復帰。工場内の各製造部門、営業部門などに携わり、2012年取締役社長に就任。

**桂記章株式会社**

〒920-0354
石川県金沢市二ツ寺町ハ30-14
☎076-268-1611
創業：1948（昭和23）年
事業内容：社章・メダル・バッジ、特殊金属工芸記念品などの企画製造販売
https://katsurakisyo.com

創業113年

# リボン食品

代表取締役社長 筏由加子

## 日本初のマーガリンをつくった油脂のパイオニア 卓越した技術を武器に新たな食文化の創造に挑む

「リボン食品という社名は聞いたことがなくても、日本で暮らしていて、当社の原料を口にしたことがない人はおそらくいないと思います」。大阪で創業113年を数える油脂メーカーの老舗、リボン食品の4代目社長、筏由加子はそう言い切る。百貨店をはじめ、駅、観光地やアミューズメントパークなど、日本全国に地域や施設のシンボルとして親しまれている名物菓子は数あるが、それらの多くに同社の原料や生地が使われているのだ。

創業は1907（明治40）年。米国で農学を学んだ千足栄蔵が、弟の筏盛三とともに日本初のマーガリンを製造したのがリボン食品のルーツだ。戦争でいったん途切れた事業を2代目の大一が再興。マーガリンの品質向上に取り組み続け、1960年にはバターに限りなく近い風味を持つ「リボンバターリン」を売り出して爆発的にヒットした。

一方で業務用の固形油脂づくりにも進出。洋菓子のなかでも油脂をたくさん使う「パイ」に目をつけてパイ生地の製造にも取り組み、日本初の業務用冷凍パイを世に送り出している。

創業以来のBtoC路線からBtoBへと完全に足場を移し、現在の事業基盤を確立したのが3代目の純一だ。製菓店やホテルといった製菓のプロが認める原料をつくるために、腕のよい職人を集めてパイ生地製造の技術を磨くかたわら、冷凍ホットケーキや冷凍ショートケーキを業界に先駆けて開発し、外食店向けの販売ルートを開拓した。ここで磨き上げた油脂製造、パイ生地製造、冷凍のノウハウは、今も同社の基幹技術となっている。

同じ製菓用油脂でも、牛乳の乳脂肪分を固めてつくるバターに対し、マーガリンは植物性、動物性を問わずさまざまな脂肪分を乳化して使いこなす技術が求められる。その分、香り、味わい、作業性、保存性といった特性をきめ細かく調整可能で、サクッ、ホロッ、ザクザク、しっとりといった洋菓子の多様な個性を生み出すのは油脂次第といっても過言ではない。

同社では、この油脂の調合から、パイ生地づくり、成形、パイ皿（パイタルト）の焼成まで全工程を一つの拠点で完結できるのが大きな強みだ。これを生かして、例えば「風味を濃厚にしてほしい」「派手にふくらむようにしてほしい」などの顧客ニーズに小ロットからきめ細かく対応。現在、2500種以上ものPB製品を手がけているという。

さらにパイの原料生産まで内製することは、利益管理がしやすいという財務面のメリットもある。それが次なる投資の原資となり、他にはない独自技術の蓄積につながっているのだ。こうした正のスパイラルの地道な進化が、同社の優位性の最大の基盤といえるだろう。

## 「目立つ黒子」として、技術力に裏打ちされた存在感を強くアピール

「『買った機械をそのまま使うのは禁止』と、先代にはよく言われました。つまり、機械を買うだけでできるような仕事はしないということ。これは当社の絶対に譲れない一線です」

2018年に父・純一の跡を継いで社長に就任した筏由加子のその言葉通り、工場内には顧客のどんな要望にも対応できるよう、独自にカスタマイズされた小規模機械がズラリと並ぶ。

一方で、機械だけに依存しない生産体制にもこだわっている。

「工場のスタッフは〝機械を操作する人〟ではなく、あくまで〝技術を持った製菓職人〟です。その自負があるので、機械でできるところにも、あえて人の手を加えて手づくり感を出しています。ほんのわずかな不均一さや、手作業の〝揺らぎ〟が美味しさを引き立てると考えているからです」

そう語る筏は、米国で大学を卒業して現地で就職。当初は家業を継ぐ気はなかったが、社会でキャリアを積むにつれ、自社の歴史や技術が持つ価値を実感するようになったという。そし

（左上）1960年代に放映された「バターリン」のテレビＣＭ。（中上）リボン食品のパイ生地でつくられたミルフィーユ。（右上）パイの歴史から世界の事例、将来の可能性の広がりまで独自にまとめた書籍。（左下）社屋に家族を招待して行った「家族会」での集合写真

て「歴史は一度失われると元に戻せない」と考え、事業継承を決意する。

社長就任後に掲げたテーマの一つが、「伝統と革新」だ。先代は黒子に徹することにこだわったが、筏は「黒子という立ち位置は大切にしつつも、これからの時代は積極的に表に出ることも必要」と意識を変えた。そして打ち出したのが「目立つ黒子」というスタイルだ。

自分たちが培ってきた技術や知見を必要としている企業はまだまだ多く、そうした潜在顧客のためにも、もっと情報を発信し、自社の存在を伝えなければならないと考えたからだ。「目立つことを好まなかった先代も、私には『もっと前に出ていい』『自分のやり方を貫け』と後押ししてくれています」と、筏は笑顔を見せる。

強いリーダーシップで組織をまとめた先代に対

し、筏は社内コミュニケーションの活性化に力を注いできた。社長就任翌年の2019年には「新商品で前に出る」という年間目標を掲げ、徹底して社内に浸透させた。その結果、年間30品種もの新商品のリリースに成功している。

開発力や提案力をより磨くために、社員一人ひとりの情報感度を高めることも大切だ。そのために、各社員がユニークな菓子の情報を集めてきては、それらを試食しながら評価する「トレンド試食会」も週2~3回の頻度で開催しているという。

人事評価システムも、個人目標を全社目標にリンクさせ、評価を細かくレビューする形式に一新。その一方で、従業員の誕生日会や、宿泊を伴う社員旅行といった昔ながらの行事も守る。これまで続けてきた「家族的経営」は、企業を永続させるための命綱だと信じているからだ。

## 日本の食を豊かに彩る、新たな「パイ文化」の創造へ

事業継承から3年。筏が仕掛けた「革新」が、徐々に形になっている。一つはBtoCへのチャレンジだ。2015年にニューヨークで人気のブラウニー専門店「ファット・ウィッチ・ベーカリー」とライセンス契約し、同社初の直営店を翌年に京都、2018年に大阪にオープンさせた。商品開発や店舗運営に自らチャレンジすることで、既存顧客に提供するソリューションの引き出しが増え、BtoB事業との相乗効果を生んでいる。

また、筏が意欲を燃やすのが「パイ文化の拡大」だ。「パイは、どんな素材でも包み込み、味わいを引き立てながら美味しくする、とても幸せな食べものだと思います。生地づくりには手間がかかりますが、冷凍生地があれば誰にでも本格的なパイが焼けますし、アレンジの可能性は無限です。新しい食文化として、日本にもっとパイを根づかせたいのです」

まずは手軽にパイを焼ける設備から普及させようと、コンパクトで安価な「パイ用トースター」の開発も進めているという。長い歴史のなかで磨いてきた技術を糧に、未来の食文化をもっと明るくするために。伝統を守り、革新を続ける試みはこれからも続く。

Profile

**筏由加子**（いかだ ゆかこ）

1978年、大阪府出身。米国デンバー大学卒。米国での企業勤務後、2005年リボン食品入社。取締役開発部長、常務取締役、専務取締役を経て、2018年4月代表取締役社長に就任。

**リボン食品株式会社**

〒532-0035
大阪市淀川区三津屋南3-15-28
☎06-6301-6855
創業：1907（明治40）年
事業内容：マーガリン製造販売、パイ冷凍生地及びパイ関係食品製造販売
http://www.ribbonf.co.jp

創業52年

# 堀江車輌電装

## 高い技術力をコアに鉄道車両の維持・安全を支えるとともにその信頼を生かして障がい者支援など事業の多角化も推進

代表取締役 堀江 泰

1968年の設立以来、車両整備と車両改造を主軸として事業を展開。社名にもあるように、高度な技術が求められる電気系事業を得意とし、首都圏の私鉄やメトロなどの鉄道車両の安全な運用や、地方鉄道に譲渡される際の車両改造工事に強みを持つ。2015年からは、障がい者支援事業をスタート。〝ユニバーサル野球〟などのユニークな試みも含め、メディアからの注目も高い。安定した鉄道事業をコアに、多面的な事業展開との相乗で大きな成長を遂げている。

旅行や出張などで地方都市を訪れた際、その町を走る私鉄の車両を見て「懐かしい」と感じた経験を持つ人は多いのではないだろうか。ローカル鉄道は、その資金力の問題から大手鉄道会社の旧型車両の払い下げにより運用していることが多く、かつて都心で慣れ親しんだ車両が各地で〝第二の人生〟を歩んでいることが珍しくないからだ。

しかし車両の転用は、譲渡先の鉄道会社の規格に合わせる必要がある。そのままの状態で運転することは難しい。特に問題となるのが電動車の存在なのだという。

「都心では長い編成の列車が中心です。そのため車両を牽引する動力を持った電動車は、2両目以降に配置するのが一般的で、運転席のある先頭車には動力がないことが多いのです」。そう解説するのは、2012年に堀江車輌電装の4代目を継いだ堀江泰だ。

「しかし地方の鉄道は編成が短く、1~2両での運行も珍しくありません。ですから先頭車も動力を持つ必要があり、電動車を改造し運転席などをつける工事が発生します。ここに私たちの強みとする電装技術の活躍の場があるのです」

電気機器の取り付けでは、何千本という電線を間違えずに結線しなければならない。接続する電線を1本でも間違えると電気機器は作動せず、破損の原因にもなってしまう。設計図面の詳細を把握して確実に施工するには熟練の技術が必要であり、なおかつ現場では作業のスピードも求められる。誇りとするのは、技術者（従業員）一人ひとりの優れた技術力と高い労働生産性。それが伝統として引き継がれ、今日に至っているのだという。

同社は、堀江の祖父・武によって1968年に設立された。もともと建築事務所を経営していたが、リフォームを依頼された家の社長に誘われて、電車のメンテナンスを始めた。そして車両の電気機器の整備や改造の分野で信頼を得て、首都圏の私鉄大手の仕事を請け負うまでになった。2代目は伯父が、3代目は父親が跡を継いだが、「二人とも職人気質で経営者タイプではない。まだこのころは家族経営の域を出なかった」と言う。

堀江が入社したのは2000年。7年ほど作業着を着て現場で働いた。そこで感じたのは「技術力は高いが、マネジメントの意識が低い」ということだった。

「どんぶり勘定で見積もりを出して、結果的に赤字になっていることも多く、常務に就任した時に、決算書を見たら債務超過の一歩手前でした。なぜこんなに長く経営をしていながら、内部留保がないのか。家族経営を脱却しなければ未来はないと考え、親族間へ流れるお金を抑えて無駄な出費をなくし、効率化を図ることを決意したんです」

## 取引先を増やすことに注力、ネットワークを構築し新造部門への進出も予定

社内の構造改革にめどをつけるとともに社長に就任。次のテーマは、新規の取引先を増やすことだった。一方、ジョブローテーションを構築して、職場ごとに固定されていた技術者の行き来をフレキシブルにすることで、繁忙期のコストを低減するとともに、個々の技術力のマルチ化を推進した。その労働力を背景に、首都圏の他の私鉄やメトロなどの新規顧客を開拓。さらに、未知の領域だった新造車両の分野への進出も予定している。

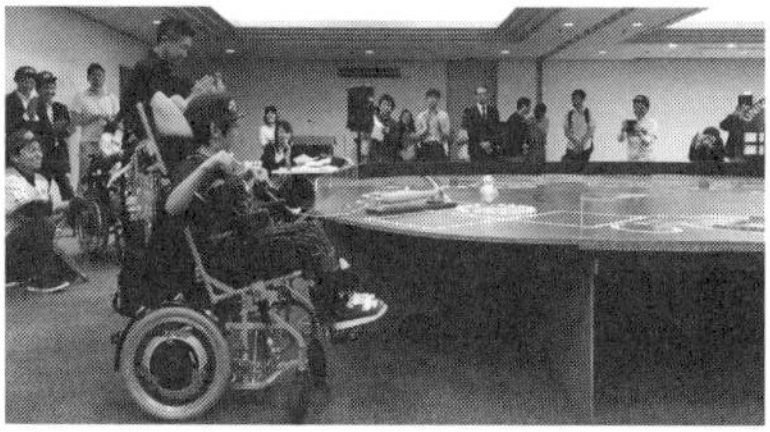

（左上）1990年ころの銚子電鉄での作業風景。（右上）車両の床下の配管作業。（左下）毎日メディアカフェ開発報告会における「ユニバーサル野球」体験会の様子

「鉄道事業者の工事は公共性が高いため、新規参入のハードルは非常に高い。さまざまな工場に自ら顔を出したり、ゴルフコンペで人脈を広げたりするなど、いろいろな手段で突破口を見出していきました。効果があったのは、当社1社で売り込むのではなく、車両の内装、塗装、シート、構体作業など、いろいろな協力会社とアライアンスを組んで、施工を一括して請け負える体制も整えたこと。鉄道事業者からすれば、ワンストップで仕事を任せられるというメリットがあるからです」

マーケット全体を見れば、人口が減少する国内で「整備する車両の増加」は見込めない。しかし、そこで生き残ることができれば需要は増える。「当社はその流れを逆手にとり、新たなネットワークを組織しながら、マーケットを開拓していこうと考えています」と堀江は言う。

また時代の先を見据えて、マイクロソフトのホロレンズ[*1]を利用した「熟練技術者の技術を再現するソフト」の開発にも取り組んでいる。自社で使用する他、ソフトウェア自体を販売していく構想もあり、ここでも新しい事業展開の可能性を探っている。

## 新たに障がい者支援事業部を立ち上げ、広く深く社会に貢献

２０１５年からは、障がい者支援事業をスタートした。障がいのある人と企業をマッチングさせる人材紹介ビジネスである。きっかけは、ある講演会で障がい者スポーツの存在を知ったこと。障がい者のサッカーを動画で見て感銘を受け、何か手伝いができるのではないかと考えたのだ。最初は個人のボランティアとして支援活動を行っていたが、障がいがある当事者やその家族、学校の先生などいろいろな人たちとかかわるようになって、社会課題が見えてきた。

「障がい者の側には支援を受けて当然という考えを持っている人も多く、一方で企業側は、儲かっている時は支援できるが経営が苦しくなると支援は途絶えてしまう。障がい者が社会に出ていって活躍し、お金を生み出すことが必要だと気づいたんです。安定した雇用を提供するにはボランティアでは限界がある。そう考えて、社内に障がい者支援事業部を立ち上げました」

同社ではミスマッチを防ぐため、障がい者にまず本社で実習をしてもらい、得手不得手を見極めて採用をサポート。２０１６年には、ビルメンテナンス事業の会社を買収し、自社でも障

＊1　ヘッドマウントディスプレイ型のMR（複合現実）デバイス

がい者の雇用を開始した。また重度の障がい者でも野球を楽しめる、巨大な組立式の野球盤「ユニバーサル野球」を考案し、パラスポーツ等のイベントに積極的に参加している。

これらの活動は、「鉄道車両整備の会社がなぜ障がい者支援に？」という視点からメディアでも数多く取り上げられた。企業のブランディングに役立ち、結果的に本業も注目されたという。

「見かけは違っても、各事業を通じて、社会に広く深く貢献したいと考えていることは同じ。家族経営から脱却でき、売上げも約3・5倍に増えました。堀江車輛電装という歴史ある社名にこだわりながら、今後も新しい事業に挑戦していきたいと考えています」

Profile

**堀江泰**（ほりえ やすし）

1980年、埼玉県出身。2000年に堀江車輛電装入社。鉄道車両の整備・改造の現場で7年働き、2007年に常務取締役、2012年に4代目代表取締役に就任。2015年に障がい者支援事業、2016年にM&Aによりビルメンテナンス事業を立ち上げ事業領域を多角化。

**堀江車輛電装株式会社**

〒102-0073
東京都千代田区九段北1-3-2　大橋ビル5F
☎03-5213-4728
設立：1968（昭和43）年
事業内容：鉄道車両の整備・改造・点検。ビルメンテナンス事業。障がい者支援事業
http://horie-sharyo.co.jp

創業65年

## 森川ゲージ製作所

# ゲージ製造で培った高い精度の技術と几帳面さで世界的競争力を持ったユニットメーカーを目指す

代表取締役社長 森川正英

「高精度とは原理原則の追求である」という姿勢を不変の軸として、精密測定具・大型船用エンジン機器・精密機械部品の精密仕上げ加工や、油圧空圧機器の設計・製造などを手がける森川ゲージ製作所。〝仕上げの名人〟といわれた創業者の時代からの技術を受け継ぎ、社員の6割が技能検定2級以上を取得しているという職人集団だ。さらにその力を最大化すべく、3代目は理念の共有を愚直に行い、「お客さまの期待に応え続ける」企業づくりに力を注ぐ。

「正しく寸法を測れるかどうかが、モノづくりのすべての起点になります。ゲージの精度は製品のできあがりの品質に直結する。言い換えれば、製品の精度はゲージの水準以上にはならない。その自負が私たちの歴史を支えてきたといえるでしょう」

そう語るのは、香川県三木町に本社を構える森川ゲージ製作所3代目の森川正英だ。

「私たちは、始業であるゲージ製造を通じて培ってきた技術力を強みに、時代の変化に合わせて業容を広げてきました。現在ではゲージ製造は事業全体の1パーセント以下ですが、今も変わることなく社名に〝ゲージ〟の名称を入れているのは、そういった原点に裏打ちされた会社の姿勢を、社内外に発信し続けていきたいと考えているからです」

## 創業期のゲージ製造から、2代目は油圧バルブ製造へと事業を拡大

創業者は、現社長の祖父にあたる森川逸三。広島県呉の海軍工廠を経て、終戦とともに妻の実家がある三木町に疎開し、高松の船舶エンジンメーカーで働く。ここでは技術研究所の所長も務め、〝仕上げの名人〟と呼ばれるほど業界では名の通った技術者だった。その後、持ち前の技術力を生かして、1955（昭和30）年にゲージ製造を手がけたのが同社の始まりになる。

「戦争中、自軍の兵器の暴発で亡くなる人がいることに忸怩《じくじ》たる思いを持っていた創業者は、精度の追求に強いこだわりを持っており、それがゲージを事業化したことにも表れています。当時のモノづくりは職人の技量に依存しており、『今後、社会が復興し大量生産の時代を迎えるなかで、より効率的にモノづくりをしていくには、寸法のバラつきを極力抑えた部品づくりが望ましい。それには高精度な測定器を実現する必要がある』と考えたのです」

もっとも創業時は実績も知名度もなく、なかなか仕事は取れなかった。最初の仕事は、お寺の鐘の刻印だったという。その後も依頼に応じて、飼料用の粉砕機（チョッパー）や按摩器など、「できることならなんでも」製造した。このころの経験が、「お客さまの要望に真摯に向き合う」「モノづくりの可能性に挑戦し続ける」という、同社の企業文化の源流となっている。

事業の飛躍のきっかけは、1964年に三井造船（現・三井E&Sグループ）との直接取引が始まったことだ。過給機のタービンブレードの形状を測るゲージが主たる製品だった。これをきっかけに対外的な信用が一気に上がり、口コミで仕事が増えていった。

「私たちの会社は、今も専任の営業担当は置いていません。依頼された仕事を期待以上の成果で応え、そこで得た信頼が次につながり、他社・他業界にも伝わっていく。その積み重ねで今に至っています」と、森川は自社の受け継がれた〝らしさ〟について説明する。

1987年に2代目を継いだ英憲のミッションは、新たな市場を開拓することだった。ゲージの生産が伸び悩みを見せ、次の事業の柱を確立する必要があったからだ。そこで目を向けたのが、成長中だった建設機械業界向けの油圧バルブの生産だった。

「油圧バルブは、精度の優劣が出力やエネルギー効率を大きく左右します。ここに私たちが培ってきたサブミクロン単位の精度や、コア技術であるラッピング（鏡面仕上げ）が生かされると考えたのです。先代は学者を目指していた時期があるほど流体工学に精通しており、その知識

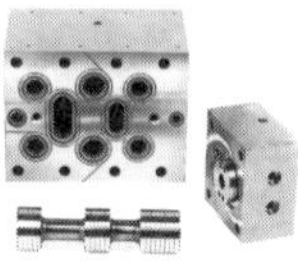

（左上）創業間もないころの工場内で。中央奥が森川逸三。（中上）創業期の主力商品である各種ゲージ。（右上）舶用エンジン向けの燃料弁と排気弁を制御するバルブ。（左下）主力工場である第二工場外観（香川県木田郡三木町）

や経験も強みになりました」

この技術は造船業界からも注目され、舶用エンジンの重要部品向けに実績を拡大した。始動空気管制器やシリンダライナ用逆止弁、燃料油圧力調整弁などは国内トップのシェア。さらに近年増産中の燃料弁及び排気弁の制御バルブ部品も、「国内で製造できるのは、ほかには超大手企業2社のみ」と言い、同社の開発力の高さを物語っている。

一方で、1992年に取締役工場長の久保秀夫が「現代の名工」として労働大臣より表彰されたように、人材力の高さも同社の自慢だ。

現在も、技能オリンピック競技大会への出場の奨励や資格取得奨励金システムの採用など、制度面からも後押し。「ゲージを手がけてきたこともあり、みな非常に繊細で几帳面。その社風がモノづくりの力を支えてきていることを感じています」

## 「変えるべきは変え、変えてはいけないことは変えない」の意識を徹底

「創業者がゲージ、2代目は油圧バルブと、それぞれが素晴らしい事業を立ち上げました。この歴史を受け継ぐ3代目としての私の使命は、強い組織をつくることだと考えています」

そう語る森川は子どものころから「組織が長く続くかどうかは3代目が決める」と言われて育ったという。「3代目は創業者の姿を実際に見ているギリギリ最後の世代。その思いを受け継ぎながらも、当時とは違う社会の形に適合させていかなければいけない。その判断がうまくできれば、4代目以降の確固とした基軸ができるということなのではないでしょうか」

だからこそ森川は「変えるべきは変え、変えてはいけないことは変えない」という言葉を、社内で繰り返し発し続けた。変えないことの中心は、「何とかしてお客さまの期待に応えよう」という姿勢。変えるべきことは、「職人個々のスタイルや個人技に依存した仕事の進め方、そして指導の方法」だという。よい技術を持っているからこそ、自らの技術に傾倒してしまうのではなく、どれだけ顧客のニーズや社内全体のことを考えられるかが重要なのだと。

その意識の共有のために毎日行うミーティングでは、8名ほどがグループになって一人1分間ずつ全員がスピーチする場も設けている。「話す内容を毎日考える必要があるため、日常生活の意識からかなり変わってきているのを感じます。話し方のコツもつかんできて、結婚式で当

社の社員がスピーチすると、みんなとても上手なんです」と森川は笑顔を見せる。

事業面においては、〝生活を快適にする創造性豊かな商品づくり〟をテーマに掲げ、「粘りがあって硬くて削りにくい鋼材」の高精密な切削・研磨技術や、社内での検証体制、多品種小ロット対応などの強みを生かして、新領域の製品開発にも積極的に取り組む。さらに自社内だけでなく中小メーカー相互の連携を強化し、得意分野を補完していくことにも力を入れる。

「まずは年商30億円。上場可能な企業水準まで持っていくこと。そして独自の付加価値を持った〝ユニットメーカー〟として、世界的なブランドを持つ企業になりたいと考えています」

■Profile■

**森川正英**（もりかわ まさひで）
1975年、香川県出身。日本大学理工学部卒。矢崎化工を経て、2004年森川ゲージ製作所入社。2014年9月、代表取締役社長就任。


**株式会社森川ゲージ製作所**
〒761-0612
香川県木田郡三木町氷上620
☎087-898-1151

創業：1955（昭和30）年
事業内容：精密機器、油圧・空圧及び水圧機器、建設機械用部品、舶用エンジン機器、電子部品製造装置、食品加工機械などの設計・製造・販売
https://www.mg-w.co.jp

創業100年

**梶田**

# 日本的な感性で磨かれた〝カラーストーン〟に注力 100周年を機にさらなるグローバル展開へ

代表取締役社長 **梶田謙吾**

**東京都台東区三筋で梶田久治郎商店が創業してから、2020年はちょうど100周年の節目の年となる。この間、社内の一部門だった宝飾品事業を独立させることで成長を果たし、「色石（カラーストーン）なら梶田」という高い品質と信頼を確立してきた梶田。近年は卸事業とともに自社ブランドの確立にも注力。南青山に構えた新本社ビルを舞台に、日本製ならではのカラーストーンジュエリーの魅力を世界に発信している。**

東京都港区南青山、雑貨やファッション、工芸などのクリエイティブな店舗が並ぶ骨董通りから一本入った閑静な小径沿いに、2018年に竣工した梶田の新本社ビルがある。

窓一つないコンクリートの壁に覆われた外観は、ミュージアムのような厳かな雰囲気がただよい、一階脇の重厚な門扉を開き階段を上ると、そこには宝飾品が陳列されたゆったりしたスペースの招待制サロンが広がる。まさに秘密の隠れ家といった趣きだ。

本社の新築を主導したのは、2020年に4代目社長に就任した梶田謙吾。「カラーストーンジュエリーの業界ナンバーワンになるために、よりプレゼンスを発揮できる場所へ」と、数年越しのプロジェクトで創業の地・台東区から居を移した。

建物の設計にあたっては、「商材が高価なため、セキュリティをしっかりすること。一方でカラーストーン本来の色合いがわかるように、自然光を採り入れること」を重視。その両立のために大きな天窓を採用し、堅牢でありつつも開放的で柔らかなスペースをつくりだした。

またワンフロアにスタッフ全員が集まるオフィスにしたことで、コミュニケーションの距離が近くなった。そして青山の街の魅力を身近にし、デザイン性の高い空間で過ごすなかで、「みんなの日常の意識や姿勢が、より磨かれてきたのを感じます」と梶田は笑顔を見せる。

## 最高品質の宝石の調達を強みに「カラーストーンなら梶田」の評価を確立

奈良で生まれ、大阪の商店の丁稚として過ごした梶田久治郎が上京し、創業したのは1920年、24歳の時のことだ。当初は金を使った小間物や指輪を取り扱い、やがてライターの生産を開始、輸出向け商品として人気を博した。

現在の事業の基盤を形づくったのは、2代目の善次郎だ。戦後になってライター以外の貴金属や宝飾事業を引き継ぎ、「梶田商店」としてスタート。その後、国内での生産が本格化する合成コランダム(色のついた人工の宝石)に目をつけ、ピーク時には月産1万本を超えるほどに拡大。業界のリーディングカンパニーとして存在感を高めていった。

さらなる転機は1961年、海外からの天然宝石の輸入が解禁されたことだ。コランダムの実績で培った〝色のついた宝石〟の目利き力を生かして、オパールやアメジストの取り扱いを開始。さらにエメラルド、ルビー、サファイアなどへと商品の幅を広げた。

このような同社の〝調達力〟の確立に向けて奔走したのが、その後3代目を継ぐ行雄だ。1977年の入社直後から、バンコク、スリランカなどで買い付けに注力。社長の善次郎を支えながら、同社の成長に大きく寄与している。

事業の中心は卸売り事業。初期は各地の貴金属店や宝石店向けに、さらにデパートを主たる取引先として、全国に販路を広げていった。またOEM製品も手がけるようになり、日本を代表する貴金属・宝飾メーカーなどとの実績を拡大。安定した調達力と、検品精度の高さが支持され、「カラーストーンなら梶田」の評価を確立していく。

創業期と違い、2代目以降は工場や職人を抱えていない。自らは「最高品質の宝石の調達」に全力を注ぎ、研磨や加工を手がける工房や職人の取り組みをバックアップする形をとった。

（左上）昭和30年代、台東区の本社前で。右から４番目が創業者の梶田久治郎。（右上）色とりどりの宝石を自在に組み合わせたKAJITAならではのジュエリー。（左下）2018年に移転新設された南青山の新本社内のサロン（photo by傍島利浩）

この「持たざる経営」は、時代の変化への対応力にもつながった。宝飾業界は景気に左右されやすいが、同社ではバブル崩壊、リーマンショックともに、大きなダメージはなかったという。

とはいえ、国内市場は着実にシュリンクしていた。その閉塞感を打ち破るべく、大胆に事業の転換を図ったのが現社長の梶田だ。キーワードは海外展開と自社ブランド確立の２軸になる。

海外展開の糸口は、２００８年から注力を始めた展示会だ。香港、ドバイ、バーレーンなどで実施し、なかでも反響がよかったシンガポールで、百貨店と組んだ期間限定店舗を開設。さらに２０１９年に初の直営ショップ「ＦＵＪＩＭＯＲＩ／ＫＡＪＩＴＡ」をオープンしている。「このシンガポールでの成功を、どう水平展開していくか」が、今後の大きなテーマの一つになるという。

## カラーストーンの多彩さが日本の四季の魅力と相まって海外で人気に

海外での手応えをもとに、梶田は国内でもBtoC事業に乗り出す。その起点に置いたのが冒頭に紹介した、南青山の新本社ビルへの移転だ。「直営の常設サロンを設置したことで、お客さまとの距離が近くなり、展示会の活況にもつながるなど、大きな手応えを感じています」と、さらなる可能性を見据える。卸事業と直営展開の両立や棲み分けへの理解も進み、「長年にわたる卸のノウハウを持った企業ブランド」が、新たな優位性になっているという。

カラーストーンに特化することで生まれる〝らしさ〟を、梶田は二つの切り口で表現する。一つは企業経営のあり方との相乗。そしてもう一つが国際競争力の源泉になることだ。

「色や輝き、質感そして産地など、宝石の種類それぞれにさまざまな個性やストーリーがあります。その多様さを引き出し、新たな価値をつくりだしていくことは、働く環境づくりと同じ。スタッフと商品それぞれが魅力を相乗し合う土壌をつくっていくことが私の使命です」

また国際競争力の要素としては、日本らしさの象徴の一つである「四季」とカラーストーンとの相性があるという。「季節をテーマにしたイベントをすると反響がいいのです。色や輝きの多彩さと、四季の変化に近似性を感じていただけるようで、例えば梶田ならではの複数の色のカラーストーンを組み合わせたジュエリーがとても人気になっています」と梶田は語る。

一方、日本のモノづくりの強さの基盤として語られる多品種小ロット生産への対応や、加工や検査の緻密さ繊細さなども、海外で支持されているようだ。

「私たちがこだわるのは、世代を超えて受け継いでいく本物としての価値。美しさだけでなく、人々の思いが投影されたジュエリーとしての魅力。それをより深い知識や情報、高いホスピタリティとともに、お客さまのニーズに合った形で提供していく。まずは東京でいちばんのカラーストーンジュエリーのメーカーとしての地位を確立し、さらに世界一のブランドになるように、社員のみんなとともに歩んでいきたいと考えています」

Profile

**梶田謙吾**（かじた けんご）

1979年、東京都出身。慶應義塾大学卒。博報堂を経て、2007年梶田入社。グローバル展開と自社ブランド確立に注力。2016年専務取締役、2020年代表取締役社長に就任。


**株式会社梶田**

〒107-0062
東京都港区南青山5-10-9
☎03-6805-1595
創業：1920（大正9）年
事業内容：カラーストーンジュエリーの製造販売
http://kajita1920.jp

創業70年

## ケンミン食品

# 五穀の王様「米」の本質的な価値にこだわり続ける日本発世界オンリーワンのビーフンメーカー

代表取締役社長 高村祐輝

フライパンに豚肉を敷き、めんと好きな野菜をたっぷり乗せたら、水を注いでフタをして、加熱すること3分間。野菜の旨みが染みた焼ビーフンが、あっという間にできあがる。「ケンミン焼ビーフン」は、発売以来60年も売上げを伸ばし続ける驚異のロングセラー商品だ。それだけではない。実は「味つきビーフン」は世界に類例がない商品であり、「最も長く販売されている焼ビーフンブランド」としてギネス世界記録に登録されている。[*1] まさにオンリーワンなのだ。

「ケンケン、ミンミン、焼ビーフン」というフレーズとともに、シュールかつユーモラスな光景が展開するCMを覚えている人は多いのではないだろうか。

国内のビーフン市場はざっと1億食といわれ、このうち5割以上のシェアを、神戸を拠点に

＊1　2020年1月31日ギネス世界記録認定

70年の歴史を刻むケンミン食品が占めている。しかも、残りのシェアを埋めるのはアジア各地からの輸入品であることを考えれば、同社は国内に競合メーカーが存在しない実質的な一強だ。

にもかかわらず、「1億食といっても、1人当たりにすれば1年に1食程度の消費量ですから、まだまだ普及しているとはいえません。ビーフンをもっと知っていただくことが、創業時から変わらぬ課題です」と、2019年に3代目社長に就任したばかりの高村祐輝は至って謙虚だ。

創業者は高村の祖父、高村健民。台湾南部の台南に生まれ、戦後に親戚を頼って移住した神戸で、1950（昭和25）年に妻のヨネとともに製めんに乗り出した。アジアから引き揚げてきた多くの日本人から「本場のビーフンをもう一度食べたい」という声を聞いたからだという。

最初は自宅兼作業所で細々と生めんを製造しては神戸市内の中華料理店に卸していたが、やがて遠方にも販路を広げるため、日持ちする乾めんの開発に着手。試行錯誤の末、茶葉を乾燥させる方法にヒントを得て、熱風による近代的な乾燥法を確立させた。

## 「米で人々の健康を支えたい」という信念を守り続けて

看板商品の「焼ビーフン」が生まれたのは、乾めんの製造が軌道に乗りつつあった1960年のことだ。「その2年前の1958年に日清食品からチキンラーメンが発売されていますから、イノベーター気質が強かった祖父は大いに刺激を受けたのでしょう。誰でも簡単に美味しく調理できる即席ビーフンを自分の手で生み出したい。そう考えたのだと思います」

会社が第二フェーズに入ったのは、後に2代目社長となる一成が入社し、斬新なアイデアで改革を進めた1980年代だ。インパクトの強いテレビCMで一気に知名度を上げたのも、神戸南京町（中華街）に若い世代をターゲットにしたファストフードスタイルの中華料理店「YUNYUN（ユンユン）」を開いて飲食事業に打って出たのも、このころの先代の仕事だ。

その一方で、ビーフン製造は存続の危機に直面していた。ビーフンの原料は米だが、粘りの強い日本の米（ジャポニカ種）は製めんに向かないため、主に東南アジア産のインディカ種が用いられる。ところが米の輸入規制のために、国内で十分な原料を調達するのが年々難しくなっていたのだ。同業他社が次々にビーフン製造から撤退するなか、健民は「米のめんをつくり続けたい」という強い思いで生産拠点の海外移転を決意する。

そして「このピンチを、最高品質のビーフンをつくるチャンスに変えよう」と、ふさわしい米を求めてアジア各地を調査。1987年、ついにタイに自社工場を開設した。その後、現在では「ビーフン製造を手がける唯一の日系企業」としてオンリーワンの存在になっている。

この決断を支えたのは、「米」への強いこだわりだ。健民は米を「五穀の王様」と呼び、自社事業の根幹と考えていた。主食として栄養を支えるだけでなく、精神的な支えにもなる特別な食べ物と捉えていたからだ。米から生まれためんは、必ず人々の健康の役に立つ。この信念こ

（左上）創業期の家屋兼工場前で家族と。（中上）1960年発売時の「ケンミン焼ビーフン」。（右上）現本社エントランス。「ヴィッセル神戸」にちなんだ選手それぞれの「ヴィーフン」も並ぶ。（左下）最も長く販売されている焼ビーフンブランドとしてギネス世界記録に認定

そが、タイ工場の開設や、米100パーセントのビーフンをつくり続ける強い動機となっている。

それから30年以上が経ち、いまや本場・中国や台湾のビーフンすら、製造効率上コーンスターチなどのデンプンを混ぜるのが当たり前になり、同社のビーフンの希少価値はますます高まっている。

「その後も阪神・淡路大震災や、大口取引先の倒産など、危機は何度もありました。それらを乗り越えることができたのも、創業者が大切にした理念を守り、自分たちにしかできないことを続けたからこそと思っています」

コロナ禍でもダメージはあったが、主力の「焼ビーフン」や、レンジでチンするだけの冷凍焼ビーフンシリーズの売上げはかえって伸びている。保存性のよさ、簡便さ、ヘルシーさなど、創業時から変わらぬ価値が、非常時に再評価されたのだ。

さらに近年、「グルテンフリー」「低GI」「アレルゲンフリー」など、現代の健康志向のニーズにフィットした米の特性も注目されている。海外市場、特に米国では小麦に含まれるグルテンを避ける消費者が増えており、同社は2020年にオールグルテンフリー食品として新たに開発した「焼ビーフン」の海外展開をスタート。国内でも、減量中の人や小麦アレルギーに悩む人が安心して食べられる食品として高く支持されている。

生産体制の面でも、タイ工場に2018年にライスペーパーのラインが完成し、米を原料とした製品ラインナップがさらに充実。2020年末にはタイ第3工場となる焼ビーフン専用工場を稼働させ、生産量を倍に。同商品の世界需要に応えていく。

## ビーフンの世界を広げるイノベーションを起こし続ける

「オンリーワン事業ということは、自分たちが動かなければ市場が活性化しないということです。米にこだわり、その本質的な価値に新たな光を当て、ビーフンの世界や可能性を広げ、お客さまの食生活を豊かにしていくことが私たちの使命です」

そう語る高村が、創業70周年の節目に掲げたキャッチフレーズは「HAVE A RICE DAY !®」。*2 第一線で活躍するシェフによる、焼ビーフンを使った斬新かつ家庭料理に役立つレシピの考案や、日本各地の特産品を生かしたオリジナル焼ビーフン「47都道府ケンミン焼ビーフン」の順

*2　HAVE A RICE DAYはエム・シーシー食品の登録商標

次開発。さらに「ケンミン焼ビーフン」のギネス世界記録挑戦など、これまでにないユニークな企画を次々に立ち上げ、ビーフンの新たな魅力をあの手この手で発信中だ。

また、地域とより深くつながるためのチャレンジとして、地元神戸のJ1チーム「ヴィッセル神戸」のスポンサー活動もスタート。すでにサポーターには、ヴィッセルにちなんだ「ヴィーフン」の愛称でビーフンが親しまれるようになっている。

アジア文化を源流として生まれたビーフンが、日本で独自の進化を遂げ、世界のナンバーワンへ。米のめんの世界を広げることで、これからも多くの人を楽しませていくことだろう。

## Profile

**高村祐輝**（たかむら ゆうき）

1982年、兵庫県出身。関西学院大学卒。京セラ勤務の後、2008年ケンミン食品入社。KENMIN FOODS（THAILAND）社長、取締役総務部長兼管理部長兼外食事業部長などを経て、2019年5月代表取締役社長就任。

**ケンミン食品株式会社**

〒650-0024
兵庫県神戸市中央区海岸通5-1-1
☎078-366-3000
創業：1950（昭和25）年
事業内容：ビーフン、フォー、ライスパスタ、ライスペーパー、冷凍食品、烏龍茶などの製造・販売。直営レストラン、外食店舗運営事業
https://www.kenmin.co.jp

# 社会に必要とされ健全な存在だからこそ老舗として残るだからこそ日本を牽引する役割を担い続けてほしい

東京中小企業投資育成　代表取締役社長
望月晴文

**投資と育成を二本柱に、日本初の中堅・中小企業向け投資会社として政府の政策的支援を受けて誕生した中小企業投資育成。一般の民間投資会社とは異なり「上場を必ずしも目的としない長期安定株主としての支援」が大きな特長で、投資先の多くがオーナー系非上場企業である。その豊富なネットワークと投資・コンサルティング実績から見えてきた「レガシー・カンパニー」ならではの魅力や課題を、東京中小企業投資育成の望月晴文社長に話を聞いた。**

中小企業投資育成の投資の最大の特徴は、保有期間に制限を設けず、長期にわたって株式を保有することです。20~30年はごく当たり前、50年以上のお付き合いになる企業も多数あります。これまで東京・大阪・名古屋の投資育成3社の累計で5500社ほどに投資していますが、その約7割がオーナー企業。かつ創業家で代々経営を受け継いできた方が多数を占めます。

また私たちの事業構造が、株式上場によるキャピタルゲインではなく配当収入に重きを置いているため、これからも着実に継続成長できるかどうか「持続可能性」が投資判断の重要なポイントにあり、まさに「レガシー・カンパニー」に登場する企業のイメージと重なります。

## ファミリー企業の強さは「会社を永続させること」が共通の目標であること

日本が長寿企業大国であるという認識は多くの方がお持ちでしょう。創業100年以上の会社は日本に3万社以上、これは世界の4割強を占めるといわれ、創業200年以上になるとその割合はさらに高くなります。そして長寿企業のほとんどが、ファミリー企業になります。

かねてから欧米では、これらの特徴に目をつけ、ファミリー企業研究というものが進んできました。そのなかでは、日本に長寿企業が多い理由を地理的・歴史的要因などさまざまな角度から分析されていますが、一つ大きな要因として感じているのが、日本では古くから家督相続という文化があり、家業という言葉がよく使われるように、〝家を継ぐ〟という意識が強くあることです。私自身もこれまで多くの経営者と話をするなかで、「会社を永続させること」そのものを経営のすべての起点に置いている場合が多いことを顕著に感じてきました。拡大も重要ですが、それ以上に「どう生き残り、どう受け継ぐか」が主眼なのです。

駅伝のタスキを渡すイメージに例えられる方が多いように、それぞれが「長い歴史を受け継ぐそのなかの一人」という自覚を非常に強く持って経営されておられます。

一見それは保守的な姿のようですが、実際はそうではありません。大きな時代の変化のなかで歴史をつないでいくには、自らの姿を変え続ける必要があり、そのためには絶えず挑戦を続け、自己改革を進めていかなくてはならない。生き残っているということは、実はアグレッシブな歴史の積み重ねでもあるわけです。

そして永続するには「よい会社」であることも重要です。社会に必要とされ、健全な企業であることが求められる。ファミリー企業経営者の多くが「三方よし」を理念に掲げるように、そのバランス感覚の高さも重要なキーワードといえるでしょう。

## 会社、事業、経営者……どれだけ自分自身を知り、自覚しているか

企業はどうしたら生き残っていけるのか。言い換えれば、長い歴史を持つ企業はどうして生き残ってきたのか。その理由を考えていくと、まず自社のコアとなる技術やビジネスを持っているか。さらにそのコアな部分を、経営者がしっかり理解しているかどうかが挙げられます。

何がどこでどれくらい売れているかは、誰でも知っています。しかし、どうしてそれが売れているかとなると、実はわかっていないことが多いのです。自社の技術や商品、サービスの本質はどこにあって、社会のニーズのどこに合致しているのか。それを理解していれば、時代に合わせて自分たちの強みの生かし方を変えることができる。そうした事業構造の転換成功例は、本書に取り上げられている企業にも多いと思います。

そしてもう一つ、経営者が自分自身を日々どれだけ見つめ、理解しているかも重要です。自分は何が得意で何が足りないか、であればどんな組織や人材が必要かを客観視できる力です。

事業承継のタイミングの取り方も、その一つの要素といえるでしょう。社会は加速度的にグローバル化・デジタル化が進み、今までの常識に縛られていてはとても付いていけなくなります。経験値も大事ですが、それ以上に新しい感性を取り入れ、柔軟に会社や事業の形を変えていく力が必要です。いつまでも地位にしがみつくことは、大きなリスク要因になります。

私たちの会社にも、事業承継の相談はよく寄せられます。特に「後継者をどう育てていくか」の悩みが多く、「次世代経営者ビジネススクール」という研修に人気があります。世代も置かれている境遇も近い後継者同士が、1年近く一緒に切磋琢磨する環境にあるため、将来にわたって悩みを相談できる仲間ができることが、とても大きな財産になるようです。

最近では、「女性後継者交流会」も活発です。かつては子どもが女性だけだった場合、婿を取って後継に据えるのが王道でしたが、最近は娘さんが進んで社長に就任することが増えてきました。そして、結婚相手である実務に強い男性が支える側に回る事例も出ています。今後もこの動きはさらに増えていくのではないでしょうか。

一方で、親子の年齢差が離れていたり、健康上の問題などで社長の退任が早まったりで、同族以外の社長をワンポイントに据えることも出てきます。以前と違い、連帯保証の制約も緩くなったことから、柔軟に対応しやすくなっているといえるでしょう。

ただし株式の問題があります。ですから非同族承継の場合、例えば「役員持株会をつくってその枠組みのなかで後継者の株式を保有し、従業員持株会とさらに安定株主として私たちが一部の株を引き受けることで株式の分散を防ぐ」などの提案もしています。非上場企業にとって、迅速な経営判断を進めるためにも株主は分散しすぎないほうがよいため、ワンポイントの場合に限らず、さまざまな形で経営権の安定化や経営承継の円滑化のお手伝いをしています。

私たちは長年にわたり中小・中堅企業の支援をさせていただき、日本におけるこれらの企業の存在意義の高さを十分に感じてきました。最近は、中小企業を再編して大企業化し、生産性を上げていくことが重要だという論調も出ていますが、それだけが正解ではない気がします。明確な個性や強みを持ち、規模を追求しないからこそ、時代の変化に柔軟に対応できる。そういう企業が長きにわたって日本の経済を支え、日本らしい文化や風土をつくってきました。先ほどもお話ししたように、よい会社、社会に必要とされ続けてきたからこそ老舗なわけです。

その魅力や価値は、時代の変化のなかでも色あせることなく、将来に受け継がれていくはず。だからこそこれからも、日本の社会を牽引する存在であり続けてほしいと期待しています。

**東京中小企業投資育成**
**代表取締役社長**

## 望月晴文

もちづき はるふみ

1949年、神奈川県出身。京都大学法学部卒。1973年通商産業省(現・経済産業省)入省。商務流通審議官、中小企業庁長官、資源エネルギー庁長官などを経て、2008年経済産業事務次官。2013年6月、東京中小企業投資育成代表取締役社長に就任。他に、伊藤忠商事取締役、日立製作所取締役会議長なども務める。

創業
216
年

# 黒龍酒造

## 水と土と技術と。福井の文化を結晶させた『良い酒』で、日本酒の新たな価値を世界に問う

代表取締役　水野直人

日本海の好漁場に面した福井県。霊峰・白山連峰に源を発し、福井平野を悠々と蛇行する九頭竜川（古名は黒龍川）流域一帯に豊かな穀倉地帯が広がり、古くから名水のふるさととしても有名だ。こうした地の利を生かし、江戸期にこの地を治めた越前松岡藩は酒造を大いに奨励したという。「酒の味を決めるのは水。雪解け水を大地が濾過した美しい松岡の水は、まさに黒龍の酒の原点です」８代目当主の水野直人はそう語る。

黒龍酒造の前身「石田屋」が創業したのは１８０４（文化元）年。石田村（現在の鯖江市石田）出身の石田屋本家が松岡藩内に移り住み、分家であった石田屋二左衛門が本家より酒株を譲り受け、苦労の末に自蔵を開いたのが始まりだ。以来二百有余年にわたり「量より質」を重視す

る酒造りの伝統が連綿と受け継がれてきた。

水野の祖父にあたる6代目の義太郎は、戦後の米不足の際にも高い闇米を仕入れて白く磨くほど、酒造りに情熱を傾けた。続く7代目の正人は、長らく市場に蔓延していた粗悪な三倍増醸酒（三増酒）から早々に決別し、1975（昭和50）年には全国に先駆けて「黒龍　大吟醸龍」を発表。吟醸酒ブームを牽引する先駆者となっている。

果実のようにフレッシュに香る吟醸酒は、新時代の日本酒として人気を博し、黒龍ブランドを全国区に押し上げるきっかけになった。同時に「日本酒といえば燗か冷や（常温）」という常識をくつがえし、キリッと冷やして味わう冷酒スタイルを普及させたのも大きな功績だ。

## 福井の食を引き立てる〝きれいな酒〟が黒龍の味の原点

時代を先取りしたチャレンジの背景には、代々受け継がれてきた『良い酒を造る』という一貫した理念がある。「『良い酒』といってもさまざまな解釈があり得ますが、私たちが時代を超えて目指しているのは〝福井の食を引き立てる、上品な味わいの酒〟です」と水野は語る。

福井といえば、冬の味覚の王者・越前ガニはいうに及ばず、カレイ、甘エビ、ウニなど名だたる海の幸の宝庫だ。黒龍の仕込み水を育む九頭竜川の清流にも、春にサクラマスが遡上し、初夏に鮎が踊り、秋にはモクズガニが揚がる。「鮮度のよい旬の素材をシンプルに味わうのが福井の食の醍醐味です。越前ガニのような上品な甘みをいかに引き立て、ふくらませる酒を醸せるか。地域の食文化との調和の視点なくして黒龍の進化はありませんでした」

そんな同社らしさが端的に表れている酒といえば「大吟醸 しずく」だろう。極寒期に仕込んだ大吟醸のなかでも特にできのよい醪《もろみ》は一袋ずつ酒袋に入れて吊るされる。そこから自然に滴り落ちる〝一滴《ひとしずく》〟から名づけられたこの酒は、まさに雪解け水を思わせる澄み切った味わいで、和食に寄り添った時にその真価を発揮する。

「先々代も先代もそれぞれに『良い酒』を追求し続けてきましたが、それは福井の風土、文化と決して切り離すことはできません。そしてこれからは視野をより広げ、日本酒を一つの文化として世界に発信していくことが求められると考えています」

伝統を守り、進化させることこそが、世界につながる新たな挑戦を生む。そんな信念のもと、水野は1990年の入社直後からさまざまな改革に着手している。まず見直したのが流通だ。せっかくの『良い酒』も、お客さまの口に入る時に品質が落ちていては意味がない。繊細な温度管理が求められる吟醸酒や大吟醸酒の品質を保つために、販売店を信頼できる特約店のみに絞る流通ネットワークの再構築に取り組んだのだ。

1994年には思い切った設備投資で新蔵「龍翔蔵」を建設。以前は約1000坪の敷地内に土造蔵が乱立し、蔵人が寝食をともにして昔ながらの酒造りを行っていたが、今後も酒造り

（左上）木造2階建、切妻造桟瓦葺の屋根を持つ黒龍酒造店舗兼主屋。国の登録有形文化財にも指定されている。（右上）約3000坪という広大な敷地に建つ「兼定島 酒造りの里」。（左下）創業者にちなんで名づけられた「黒龍 二左衛門」「黒龍 石田屋」。いずれも限定発売の純米大吟醸

を長く続けていくためには、より厳密な衛生管理や労働環境の改善が欠かせないと判断したためだ。

社長に就任した2005年には、新たな酒造りの拠点として、九頭竜川のほとりに新たな土地を得て「兼定島酒造りの里」を開設。広大な冷蔵庫や氷温庫、原酒貯蔵蔵、調合室、製品低温貯蔵庫、クリーンルームを有した瓶詰め作業場などの先進の生産設備で、徹底した温度管理が可能になった。

こうした基盤を得て、今水野が力を入れるのが「熟成」という新たなチャレンジだ。

「父は冷酒文化を世に広めましたが、私は世界に類を見ない酒文化である〝燗〟にも再び光を当てたいと思っています。しかし、吟醸酒ならではの豊かな香りは生かしたい。それを調和させる道が〝熟成〟です」

ワインならヴィンテージを生かした熟成で時間

とともに価値が上がるのが当たり前だが、日本酒にはこれまで、意図的に熟成させる文化はなかった。しかし、黒龍のきれいな酒質を熟成でふくらませることができれば、新たな酒文化の創造につながるのではないか――。

## 地域の文化を折り込んで、日本酒の新たな価値を創造したい

2018年、その取り組みが一つの形になっている。2012〜2015年産に仕込んだ純米大吟醸酒を氷温熟成した熟成酒「無二」の販売がスタートしたのだ。小売価格をあえて設定せず、品質評価委員会によるテイスティングコメント、スペック、分析値などのデータを提供したうえで全国の特約店が自分の舌で吟味して入札するという、前例のないオークション形式の受注会も話題になった。高級日本酒市場を牽引する同社が、日本酒の適正価格をあらためて問う試みとしても業界に一石を投じるアクションとなっている。

「日本酒を通じて福井の文化、日本の文化を表現し、伝え、未来につなぐこと。それが私の使命です。ロマネ・コンティのワインは100万円を軽く超えるものが少なくありません。味もさることながら、ワイナリーの歴史や技術、その土地の風土や物語などのさまざまな文化が複合されて大きな価値を生んでいるのです。日本酒にもまだまだ可能性があると思っています」

黒龍の酒はプロダクトとしての美しさだけでなく、地域文化の発信の意図も強く込められて

いる。例えば初代「黒龍 大吟醸 龍」は、柿渋染めの酒袋に金で箔押したラベルをまとい、木箱入りの贅沢なパッケージで出荷されて人々を驚かせた。今も黒龍ブランドの商品には、美しい越前和紙や越前織の布のラベル、越前漆器の化粧箱が頻繁に使われている。これも地域で継承されてきたさまざまな資源を生かして商品をデザインすることで、福井の文化を日本各地へ、さらには世界へ伝えるメディアとしての役割を担おうという自負ゆえだ。

「黒龍の酒で福井に思いを馳せてほしいし、いつかは実際に福井を訪ねて空気を感じてほしい。そのためにも『良い酒を造る』という理を守り続けることが大切だと思っています」

Profile

**水野直人**（みずの なおと）

1964年、福井県出身。東京農業大学醸造学科卒。協和発酵での勤務を経て1990年に黒龍酒造入社。2005年代表取締役就任。


**黒龍酒造株式会社**

〒910-1133

福井県吉田郡永平寺町松岡春日1-38

☎0776-61-6110

創業：1804（文化元）年

事業内容：日本酒「無二」「黒龍」「九頭龍」の製造、販売

http://www.kokuryu.co.jp

創業65年

# ゼネラルアサヒ

## 情報を「より分かりやすく、正しく、早く伝える」が原点 誰もが〝らしさ〟を感じる、圧倒的なクオリティへ

代表取締役会長 松岡弘明

1955年に旭印刷として創業。チラシ印刷やパッケージ事業などで成長し、2代目の就任を機に、制作品質の競争力を高めながら事業の裾野を拡大する。情報を「より分かりやすく、正しく、早く伝える」を事業の原点に置き、コンピュータグラフィックス（CG）、映像、Webなど、多彩なメディアにワンストップで対応できる体制を確立。企業の多様なニーズに、高い人材力と先進の設備を生かしたクリエイティブの力で応え続けている。

「印刷は視覚に訴えるもの。しかし静止画像より動きがあるほうがイメージしやすく、音がすればより臨場感が高まります。『より分かりやすく伝える』ために、人間の五感に訴求できるような機能を積極的に会社のなかに取り入れてきました。その積み重ねによって、印刷からCG、

映像、Ｗｅｂへと事業の裾野が広がってきたのです」

そう語るのは、ゼネラルアサヒ創業者の息子として事業を受け継ぎ、現在は代表取締役会長としてグループ全体の経営をつかさどる松岡弘明だ。

「究極の『分かりやすさ』は現物そのものです。例えるなら、デパ地下の食品売り場の試食などのような。そこに少しでも近づけていくことができるかどうか。売る人と買う人、つくる人と使う人、この間に可能な限り〝誤解のない社会〟をつくるのが私たちの使命です」

その実現に向けて、あらゆる業務をワンストップで提供できることが同社の強さだ。例えば、現在の中核をなす通販事業者向けＤＭサービスは、商品の撮影から、印刷、カタログ製本、宛名印字、封入、郵送の手続きまでの業務のすべてを社内で完結する。膨大な試供品を社内で預かり、適宜同梱する仕組みも同社ならではだ。月間の発送件数は２０００万通にも及ぶ。

もちろん、チラシのデザインやコピーの制作は企画段階から携わり、〝売上げに直結する〟ＤＭのノウハウも豊富に持つ。通販のノウハウがない会社であっても、同社に相談すればあらゆる業務をサポートしてくれる、非常にありがたい存在なのだ。

これらの一連の業務を、〝工程の長い仕事〟と松岡は表現し、営業方針の中心に置く。「手間がかかる仕事ほど、私たちの強みが発揮され競合が少ない。結果的に利益率の高い仕事になる。社員のみんなには『積極的に面倒な仕事を取ってこい』といつも言い続けています」

## 東京の企業と互角以上に渡りあえる技術力・提案力を身に付けるために

親族の印刷会社に勤めていた松岡弘則が独立し、旭印刷を立ち上げたのが1955年。当初は地元の商店街のチラシやチケットの印刷などを手がけていたようだ。

その後、福岡の大手百貨店の仕事を請け負うようになり、クライアントの出店の拡大とともに仕事量が急増。また「仕事の繁閑期を平準化するために」とパッケージ会社を設立し、お茶・海苔・シイタケなどの食品の紙器事業を開始した。さらに、有田焼などの陶器のカタログ、熊本・宮崎の焼酎メーカーの仕事など、九州全域に取引先を広げていった。

一方、弘則は早くから「企画力の重要性」を認識しており、1968年に大手広告代理店から人材をスカウトし、クリエイティブ子会社を設立している。

このように九州を代表する印刷会社として成長を続けてきた同社だが、やがてその勢いに陰りが見え始めた。企業規模が拡大したなかでも、個人事業の経営スタイルを抜け出せなかったこと。また主要取引先の業績が頭打ちになり売上げが低迷し始めたものの、新たな機軸を打ち出せなかったことなどがその理由だ。

この状況に危機感を抱いていた松岡は、1988年の社長就任を機に大胆な改革に打って出た。「まずは戦える原資をつくること。そこで需要が見込める製本用の機械を購入し、社内のリ

（左上）1955年創業時の旭印刷社屋。（右上）現在のゼネラルアサヒ本社工場外観（福岡県糟屋郡粕屋町）。印刷工場も併設する。（左下）博多駅に隣接する「GAソフトステーション」のレコーディングブース

ソースを活用しながら、内製を強めていきました。同様に製版事業にも参入し、この二つの事業が大きな収益を生み出しました。これらの取り組みの過程で、現在の私たちの強みである一気通貫型の事業モデルの基盤がつくられていったのです」

そして喫緊の課題だった「東京の印刷会社と互角以上に渡り合える」企業力の構築に挑んだ。「というのも、私たちの主たるお客さまが東京の企業にM&Aされ、その仕事が東京の印刷会社に回ることが続いたのです。このままでは自分たちは干上がってしまう。国内全体でも優位性を持つ会社にならないといけないと強く意識しました」

その新たな軸として力を入れたのが、通販事業者向けのサービスだった。九州地区はかねてから通販事業が活発であり、これまでの小売り向けの事業で培ったノウハウを生かせる。さらに通販で

あれば、九州という距離がハンデにはならず、独自の立ち位置が確立できると考えたのだ。

1990年には社名をゼネラルアサヒに変更。印刷の枠にとらわれない会社を目指すことを明示した。1996年には最新機器[*1]を備えたGAデジタルグラフィクス研究所を宗像市に立ち上げ、CG事業を開始。さらに動画スタジオやソフトステーションなどを次々に開設した。

一方で積極的な人材採用を進め、現在はデザイナーやカメラマン、編集者など130名ほどのクリエーター人材が所属している。この規模は福岡随一だ。「尖がった感性と自由な社風」、そして多彩な最新設備との相乗で、制作会社としても着実に存在感を高めていった。

## 得意とするモノづくりの力とともに、発信力、伝える力を高めていきたい

「毎年の制作にかかる費用は数百万円から1000万円ほど。大型テーマパークを貸し切ったり、映画会社から衣装を借りたり、興行に出してもおかしくないほど本格的なものです」と、松岡は同社が年に1回制作している自主映画へのこだわりを語る。

しかしこの映画は外部には公開しない。驚くことに、社内のスタッフのレベルアップのためだけのものなのだ。「出演も撮影も編集スタッフも機材も、すべて社内。ここでの経験がプレゼンに生かされるのです。お客さまが望むものをすぐに形にして見せることができるし、人前で話す力も上がる。私たちの営業力の高さの源泉になっているのです」

＊1　当時、国内に2台しかなかったCG機器（3Dスキャナー）の1台

最後に、今後のテーマを尋ねると「発信力の向上」を第一に挙げた。「モノづくりの力には自信がある。しかし今の時代、それをどう社会的に発信し伝えていくかが強く問われます。インターネットの多様な表現やメディアをどう使いこなすか。その力を上げていきたい」

そして将来、「『この作品はゼネラルアサヒのもの』と誰が見てもわかるようなクオリティを生み出せる存在でありたい」と言葉を続ける。「色を見ても、動きを見ても違う。発信の仕方も違う。それくらいのものを目指すことで、さらに志高い人が集まってくる。その相乗が社会に必要とされ続ける、より魅力的な会社をつくりあげていくのだと考えています」

Profile

**松岡弘明**（まつおか ひろあき）

1945年、福岡市出身。福岡大学卒。1968年ゼネラルアサヒ入社、1年間の百貨店出向を経て復職。1988年12月、代表取締役社長就任。2017年4月、代表取締役会長就任。

**株式会社ゼネラルアサヒ**

〒812-0064

福岡市東区松田3-777

☎092-611-8311

創業：1955（昭和30）年

事業内容：印刷物、Web、映像、CGなどの多彩なメディアを生かし、企業ニーズにワンストップで対応する情報サービス事業

https://www.generalasahi.co.jp

創業114年

# ヨシダ

## 現場のニーズに寄り添い絶えず新たな価値創造に注力「〝いい歯科いいん〟創り」を目指す老舗歯科機械メーカー

代表取締役社長　山中一剛

国内最古参の歯科機械メーカーとして1906年に創業。日本で初めてエアータービン「エアロマット」を開発するなど、現場のニーズを先取りする製品開発力と、充実したアフターサービスを強みに、国産歯科機器のパイオニアとして成長を続けてきた。近年は「デンタルネクストアクション」をテーマに掲げ、セミナーやコンサルティングなどを通じて、歯科医療の新しい価値を創造。ＩＴを駆使した歯科機器のイノベーションにも力を入れている。

「私たちの会社内には歯医者さんはいません。虫歯を直せる技術もありません。だからこそ、どれだけ歯医者さんのニーズに寄り添うことができるか、絶えず歯科医療業界の将来のためを考え続けることができるか。私たちがこだわり続けるものは、その一点につきます」

そう語るのは114年の歴史を誇る歯科機械メーカー、ヨシダの山中一剛社長だ。

「国内には29の歯科大学、6万9000近くの歯科医院や診療所があり、私たちのお取引先はその3～4割ほど。このシェアは国内でもトップクラスになります。しかし誇るべきはその数値ではなく、これまでに培ってきたお客さまとの関係性です。私たちが目指すものに共感していただき応援していただける、そのつながりの相乗が大きな推進力になっているのです」

近年注力する「デンタルネクストアクション（DNA）」は、まさに山中のその思いを体現するものだ。「歯周病やインプラントなどの治療だけに頼らず、予防歯科の領域をしっかり歯科医療の世界に確立していくこと。歯や粘膜、唾液といった口内環境は、多くの病気と密接につながっていることを周知し、口腔ケアの重要さを啓蒙していくこと。これらの共感の輪を広げ、多くの人の健康に貢献できる環境を整えていくことが私たちに課せられた使命なのです」

各界の専門家を講師として招いて開催する「DNA特別講演会」は、歯科と医科の連携、専門家と連携した食事指導や食育の推進、正しい呼吸方法など、歯科の日常臨床に留まらない広範なテーマで〝気づきの場〟を提供。延べ2000名以上の医療従事者が参加している。

ほかにも、共創の場としての無料グループサイト「G‐PLUS」の運営や、情報誌「DPN」の発刊など、取り組みは非常に幅広く先進的で「誰から見ても、〝いい歯科いいん〟を共に創る」をスローガンに掲げ、よりいっそう活動を強化している。

しかしこれらの活動は、必ずしも目先の収益に直結するものではない。「非常に遠回りかもしれませんが、歯科医療の業界が活性化すれば、結果的に私たちの仕事につながっていくはず。このような中長期的な視野での展開は、老舗オーナー企業だからこそできる強みであり、歯科医療業界の第一人者としての使命でもあると思うのです」

## 絶えず〝日本初〟の製品を開発し、日本の歯科医療の進化をリード

ユニットと呼ばれる診療台を中心に、歯の切削や研磨や歯石除去等に用いられる精密機械のハンドピース、最新の治療方法であるレーザ機器、正確な歯科診断に不可欠な画像診断機器、口腔ケア製品の数々、直近では歯科医院の経営をサポートするアプリなどまで、同社は歯科医療に求められる多種多様な製品、サービス、ソリューションを提供している。

さらに機械の製造を担う吉田製作所や吉田精工、ソフトウェアシステムの開発を手がけるヨシダデンタルシステムなど、計8社でグループを構成し、研究、開発、製造から、販売、修理、コンサルティングまでの一貫体制を持つことが大きな強みとなっている。

そんな同社の歴史は1906年に遡る。鍛冶工として旋盤機械の腕を磨いていた創業者・山中卯八は、「日本の歯科業界の始祖」清水卯三郎との出会いをきっかけに、歯科機械の将来の可能性に着目。27歳の時、知人の工場のわずか5坪のスペースを借りて事業を始めた。

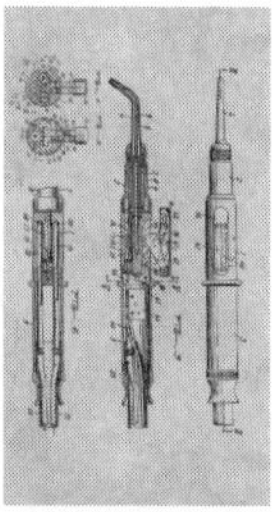

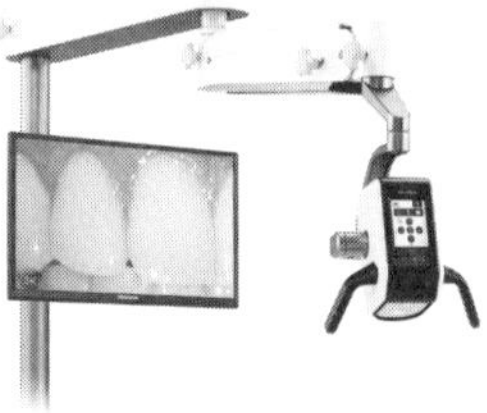

（左上）日本で最初のエアータービン「エアロマット」。（中上）世界で最初に開発したトリプルシリンジ。（右上）次世代型デジタルビジョンシステム「ネクストビジョン」。（左下）本社に併設された体感型のショールーム。ユニットを中心に多種多様な製品や機器が展示されている

初期のころは鍛冶工の腕を生かして、農機具や菓子製造機械、繊維機械など幅広く手がけていたようだが、ゴムの義歯床をつくるための蒸和缶を独自に開発したことが、今に至る歯科機械メーカーとしての基盤となった。

　その後も、同社は数々の〝日本初〟を生み出し、歯科業界内での地位を確立してきた。１９３３年には、日本人の体格から割り出した独自の「十号ユニット」を開発し、１９５２年には電動油圧ポンプを使用した治療椅子を開発。１９５８年には超高速のエアータービン「エアロマット」を開発し、痛みの軽減と治療時間の短縮を実現した。このような時代を先取りする製品の開発力は、同社のDNAとして今も変わらず受け継がれている。

　もう一つの特徴として、保守サービスの事業化が挙げられる。業界に先駆けてメンテナンスの専

門会社を設立し、（従来の常識だった無料保守ではなく）しっかり技術料を取ることでサービスの質やスピードを向上させ、その信頼がリピーター率を高める好循環をもたらした。

また本社に併設された、体感型のショールームも特筆される。ここでは歯科医療機器だけでなく、受付や院長室、カウンセリングルームや診察室、消毒コーナーや技工コーナーなどまで、歯科医院そのものを形づくり、歯科医師や歯科衛生士、歯科技工士などの歯科医療従事者に活用してもらいながら、同社自身の学ぶ場にもなる。ここでも〝共創〟がコンセプトなのだ。

## 受け継がれる〝歯科医療の新しい価値を創造する〟という精神をすべての軸に

新技術・新サービスの開発は、近年いちだんと加速を見せている。2019年に発表した、高解像度高倍率のデジタルビジョンシステム「ネクストビジョン」は、「より大きく鮮明な画面で、歯面や根管から口腔内全体の状態を細部まで映し出すため、目視に頼っていた従来の手法に比べて、圧倒的に見やすく治療がしやすい」と注文が殺到。さらにAR機能などを追加し、歯科大学などの教育機関と連携することで、若い歯科医療従事者の教育に活用していく予定だ。

2020年5月には、OCT[*1]画像診断装置「オクティナ」の医療機器国内承認を取得。これはレーザ光を用いて歯の硬組織の性状をリアルタイム3D表示し、脱灰、う蝕、クラックなどこれまで知り得ることが困難だった分析を実現するもの。世界にも類を見ない装置だという。

＊1　Optical Coherence Tomography：光干渉断層撮影

さらに歯科医院に特化した事業承継サービス「D-Transit」を同年8月に発表。「歯科業界は高齢化が進んでおり、事業の受け皿をしっかりつくることで、安心して経営に集中してもらえるように。また譲渡評価を可視化することで、患者数や設備の充実度など医院の現状の価値を客観的に見ることもできます」と山中はその狙いを語る。「いずれの取り組みも、私たちが創業以来受け継いできた〝歯科医療の新しい価値を創造し続ける〟という精神が軸にあります。歯科医療に従事する皆さんの頑張りを支えることで、最終的に国民一人ひとりの健康と笑顔、つまりウェルビーイング溢れる社会をつくることが、私たちの挑戦すべきテーマです」

Profile

**山中一剛**（やまなか かずたけ）
1974年、千葉県出身。日本大学生物資源学部卒業。イリノイ工科大学経営学（MBAコース）修了。2001年ヨシダ入社、オーラルヘルスケア課、業務本部長などを経て2011年代表取締役社長に就任。日本歯科コンピュータ協会会長、日本歯科商工協会理事等を兼務。

**株式会社ヨシダ**
〒110-8507
東京都台東区上野7-6-9
☎03-3845-2971
創業：1906（明治39）年（ヨシダグループ創業）
事業内容：歯科医療機器・材料・コンピュータなどの開発、販売及び輸入、歯科診療所の開業・経営に関する企画・調査などの総合コンサルティング
https://www.yoshida-dental.co.jp

創業72年

# 水野産業

## 食品包材を幅広く網羅し外食産業の発展に寄与〝開発受注〟を強みに時代を超えて支持を集める

代表取締役社長　水野　潤

外食産業に欠かせない食品包材や消耗品を網羅し、「必要なものはすべて揃う」と評されるほど高い存在感を誇る水野産業。近年は、介護用品や医薬品にも領域を広げ、取扱商品は10万点以上。取引先のニーズに合わせた〝開発受注〟という営業スタイルを強みに、先駆けとなる新製品を数多く世に出してきた。たび重なる景気変動の波のなかでも、創業から売上げは右肩上がりのグラフを描き、業界のリーディングカンパニーとして安定した成長を続けている。

ファストフード、コンビニ、ファミレスなどで、私たちが何気なく使っている紙コップや包装紙、惣菜や弁当の容器。それらの容器や包材の多くに、水野産業の商品が使われている。業態は、総合ディストリビュータ。クライアントが求めているニーズを的確に捉え、最適な商品を開発し、自社のロジスティックシステムを通して供給する。

その歴史は1948年に始まる。まだ戦災の傷跡が生々しい東京・神田五軒町で、紙の仕入れと販売を扱う商店として設立された。販売したのは用紙や封筒など。「『堅い取引先に消耗品を売るのが商売の基本』が信念でした」と、創業者を祖父に持つ水野潤社長は語る。

当初から、銀行や証券会社、官公庁などの〝堅い取引先〟に商品を納入し、実績と信用を築いた。このころに培った、大量の注文をスピーディーにこなす体制、顧客の要望に合わせた商品のカスタマイズ対応などが、現在の競争優位性の基盤になっている。

1950年代に入ると、食品包装に進出する。学校給食用のピーナッツクリームの耐油性の包装紙から始まり、やがてパンや駄菓子を入れる平袋やガゼット袋なども扱った。

「創業者は、自社で工場設備を持つことに消極的でした。工場を持ってしまうと設備の範囲内で考えるようになるし、無理をして持っても、より優れた設備を持っている会社にはかなわない。また、機械設備は毎年のようにバージョンアップされる。ならば、ニーズに応じてよい設備と技術を持つ会社に発注するほうが経営の機動力が高くなると考えたのです」

メーカーではないが、あたかもメーカーであるかのように、取引先のニーズに合せて商品を開発し供給する。それが同社独自の〝開発受注〟という営業スタイルだ。自社工場を持たない経営の自由度があったからこそ、取扱商品を増やし事業の裾野を広げることができたのだ。

## 国内初の「クリーンキャップ」の製造で、外食産業チェーンに進出

ターニングポイントは、クリーンキャップと呼ばれる外食チェーンの紙製帽子だった。

１９７０年、ベーカリー工場の視察で米国を訪れた営業部次長が、外食産業チェーンの勃興と、そこで使用される使い捨て紙加工品の多様さに目を奪われた。日本でのチェーンの隆盛を確信したが、紙コップや紙皿、ナプキンなどは米国から輸入される。一方、紙製帽子なら競争相手がいないと考えた。創業者はその提案を受けて、リスクを覚悟し製造に踏み切る。

「このあたりの決断が、創業者の懐の広さだといえるでしょう。社員を信頼して、やりたいということは任せる。責任は自らが取る。その文化がこれまでの成長の根幹にあります」

やがて、国内大手のハンバーガーチェーンが同社のクリーンキャップを採用。品質のよさが評価され、紙コップやハンバーガー包装紙の発注につながり、それをきっかけに他の大手外食チェーンとの取引も増えていった。

「製パンの包装紙の経験があったので、食品に直に触れるノウハウを持っていた。紙の知識があり、仕入先のネットワークもあったので、耐油性や耐熱性など、機能性のある紙の共同開発ができたのも大きかった。新たな提案を可能にする土台がたくさん揃っていたのです」

ある大手牛丼チェーンには、ＰＳＰ（発泡ポリスチレンペーパー）にラミネート印刷フィルム

（左上）1975年に発行された「水野の赤いカタログ」の第1号。（右上）物流の要となる関東物流センター外観。さらに先端の設備導入を進めている。（左下）コップや皿、包装資材、テイクアウト容器、カトラリー、業務用キャップなどまで多種多様な品揃えを誇る

を張り合わせた容器を持ち込んだ。ご飯と牛肉の境目に〝くびれ〟を入れるなど、細かな工夫も好評で、それまでなかった和食のテイクアウト文化を生み出すことになった。

その一方で、商品寿命の長いものは汎用品（規格品）として販売することも始めた。それらは通称〝水野の赤いカタログ〟と呼ばれる分厚い年次の冊子にまとめられ、現在に至る。「うちの会社の名前は知らなくても〝赤いカタログをつくっている会社〟と言えばわかってもらえるケースが多い」と水野は笑顔を見せる。

もう一つ、顧客の多様なニーズに迅速に対応するために欠かせないのが物流体制だ。店舗には限られた収納スペースがないことが多く、きめ細やかな配送が求められるからだ。

そこで1999年、埼玉県加須市に関東物流セ

ンターを竣工。28万ケースを収納できる大型のスペースを確保するとともに、誰でも正確なピッキングを可能にするシステムを導入するなど、順次物流環境を強化してきた。

## 「個人商店」と呼ばれるほど、強い営業力で顧客のニーズに寄り添う

水野の入社は1997年。営業や物流、管理部門を経て、商社に出向してニューヨークやロサンゼルスで米や野菜を卸す仕事に携わり、本社に戻った。一通り社内の部署を巡り、外から会社を眺めてあらためて認識したのは、営業力の強さだった。

「元をただせば創業時代、受注する封筒はサイズも色も値段も全部違っていた。営業マンは、原価と工賃を睨みながら最適な見積もりを出して販売を行う。値決めの交渉など売買の権限もあった。だからこそ迅速な対応が可能で、現場の責任感も強い。今もその伝統は強く生きており、取引先からは『水野さんは個人商店だよね』とよく言われます」

会社の収支をグラフにして眺めると、ほとんど凹凸がなく順調な右肩上がりになっていることに驚く。その要因としては、圧倒的な品揃え、紙器への知見、提案力、全国対応、納期の迅速さなどの相乗が、受け継がれてきた強さとしてまずあり、「中身には流行があっても、容器が必要とされることには変わらない。社会の変化やお客さまのニーズに合わせて柔軟に形を変え、成長してきたのが大きな強みになっていいます」と水野は言葉を続ける。

コロナ禍においても、テイクアウト関連や衛生商品へのニーズが増えたことで、売上げの内訳は「まるで別会社のように変わっている」と言い、仕入先企業の迅速で真摯な対応や、社員一人ひとりの行動力や危機管理能力の高さをあらためて実感し、感謝しているという。

「近年は外食で培ったノウハウを生かして介護事業者向けサービスが拡大しています。また社会的な〝脱プラスチック〟の動きも踏まえ、環境を意識した商品開発も行っています。さらに受発注のデジタル化の推進、ＡＩやドローンなどの先進技術を活用した物流の仕組みづくりなど、絶えず時代の先を見据えながら、より強い企業体をつくり上げていきたいと考えています」

■Profile■

**水野潤**（みずの じゅん）

1974年、東京都出身。大原情報ビジネス専門学校卒。1997年水野産業入社後、コンビニの店長を2年間、さらに大阪で営業や物流業務などにかかわり、米国の商社に出向。帰国後、貿易事業に携わる。専務取締役を経て、2016年7月代表取締役社長に就任。

**水野産業株式会社**

〒113-8512

東京都文京区湯島3-1-3 MSビル

☎03-3836-3001

創業：1948（昭和23）年

事業内容：飲食店や介護施設向け食品包材・消耗品などの販売

http://www.mizunosangyo.co.jp

創業143年

# 植田商店

## 和牛にこだわり地域に根ざした広島の老舗精肉店 140年超の歴史をブランドに攻めの経営を強化

代表取締役社長 植田 卓

広島を代表する精肉店チェーンとして、地域とともに歩んできた植田商店。創業の地である海田町の本店、デパートやショッピングセンター内などに精肉小売店を12店舗、さらにFC事業として業務用食品スーパーを3店舗展開する。一方でホテルや飲食店向けなどの外販事業にも早くから注力し、取引先は広範にわたる。長年にわたり培ってきた歴史と信頼をブランドに、肉加工品・ギフトの充実やEコマースの拡大など新たな可能性を拓いている。

JR広島駅南口の真向かい、この地を本拠とする百貨店「福屋」広島駅前店に入り、エスカレーターで地下に降りると、すぐに巨大なガラスケースが目に飛び込んでくる。その長さは直線でおよそ15メートルにもなる圧巻のスケールだ。

陳列されているのは、植田商店自慢の肉の数々だ。なかでも牛肉の比重が高く、多種多様な部位が揃い、ケースの半分を占める。特に「広島牛」が看板商品で、すき焼きやステーキ用の肉は1枚ずつ個別包装がなされ、ハレの日の食事シーンが目に浮かぶ。

さらに驚かされるのは、圧倒的なボリュームだ。どのトレーにも溢れんばかりの肉が盛り付けられ、これだけの量が日々買われていくのかと、あっけにとられるほど。来店客は月に平均して3万人近くになるというから、そこからも販売量の多さが想像できるだろう。

## BSE（狂牛病）の危機を脱却。業務用スーパーを新たな事業の柱へ

「広島の人は大の牛肉好きで、私たちも和牛を中心に事業を展開してきました」。そう振り返るのは、6代目社長となる植田卓。「創業は1877（明治10）年。広島市の東隣の町・海田町で高祖父の植田佐賀之助が始めた、1軒の肉屋（肉のウエダ本店）が私たちの原点です」

商売熱心で品質もよかったことから、当初からお店は繁盛したという。しかし長きにわたって「町のお肉屋さん」以上の存在ではなかった。企業として大きな転換を果たすのは、植田の父である5代目の賢治が入社した1965年以降のことだ。「広島でいちばんの肉屋になる」という強い意欲を持っていた先代は、1972年に株式会社として法人化し、社長に就任する。

多店舗展開の起点は1982年、海田地区初の大型商業施設「ニチイ海田ショッピングデパ

ート（現・イオン海田店）」内での出店だ。これまでの店舗の数倍もの売上げとなり、この時の確かな手応えをもとに、SC内出店を本格的に進めることになったのだ。

この後、先代は驚くべき決断をしている。事業パートナーとして親交を深めていた福岡の大手食肉小売企業に、「商売の基本を一から学びたい」と1年間の修業に出向いたのだ。ここでは7〜8店舗の新規出店にかかわり、運営のノウハウを学んで会社に戻った。その経験は大いに生かされ、1990年代は五日市福屋店、フジグラン安芸店、福屋尾道店、福屋広島駅前店と、立て続けに新規出店を実現している。

順調に事業を拡大してきたが、突然の危機は2001年に訪れた。食肉業界を震撼させたBSE問題から始まる急激な牛肉離れで、業績は大幅に低下。経営が破綻しかねないほどに大きなダメージを受けたのだ。

「ここで真価を発揮したのが、会社が培ってきた人脈と信用です。金融機関をはじめ多くの方の援助を受け、窮地を脱することができたのです」と植田は当時を振り返る。

この逆境のなかでも、先代は攻めの手を緩めなかった。「精肉店だけでは、経営の安定は図れない」と、地元広島の大手食品卸会社であるアクト中食との出合いを機に業務用スーパーのFC事業に乗り出したのだ。周囲からは大反対があったようだが、2年目からはFC店舗のなかでも上位の売上げを誇るまでに伸長。新たな事業の柱に育っていった。

（左上）海田町稲荷町本店外観（1953年ころ）。（右上）物流センター、加工所を併設した植田商店本社。（左下）「ウエダ フジグランナタリー店」の売り場の様子。広島牛を中心に豊富な品揃えが特徴だ

現社長の植田が入社したのは、まさにこの大転換期のさなかのことだ。そして先代の命を受け、同社の将来をかけた業務用スーパーの立ち上げを店長として推進してきた。

「早朝から深夜まで、数年間は休みなし。とにかく必死でした。食肉以外の世界を知ったこと、データを管理し分析するスキルが上がったことなどがこの時の学びですが、しかしそれ以上に『自分自身が懸命に動いてこそ見えてくるものがたくさんある』と実感できたことが、最大の経験ではないでしょうか。たぶん父親も、それをいちばん伝えたかったのだと思います」

業務用スーパーは2003年からの3年間で計3店舗を出店。2006年には、外商・惣菜部門の充実を図るため、本社を新築移転し大型加工場も併設。現在の事業基盤が形づくられていった。

## 「お客さまによい肉を届け美味しく食べていただくこと」がすべての原点

「愛される人を育て続ける」の経営理念に表れるように、「お客さまに心から『ありがとうございます』を言える、信頼される従業員を育てること」が同社のミッションだ。

先代の急逝を受けて2015年に社長に就任した植田は、その思いをより強くし社内の対話に力を入れる。「私たちが何よりも重視すべきは、お客さまによい肉を届け美味しく食べていただくこと。その意識を社内全員が、しっかり共有できていることが大きな強みです」

食肉の特徴の一つとしてあるのが、同じ箇所の肉でもカットの大きさや厚さで商品名が変わることだ。「これは他の食材と大きく違うところで、売り場の状況に合わせて最適なバランスでカットし、提供していく判断が重要になります」と植田は言う。

「売り場の最前線では、その瞬時の判断を的確に行い、お客さまから信頼されるお店になるべく日々奮闘しています。私たちが140年を超える歴史を積み重ねてこられたのは、そういったたくさんの従業員が支えてきてくれたからこそ。皆さんには心から感謝しています」

現在、植田は「140年を超える歴史を、どうブランドに変えていくか」をテーマに掲げる。

「これまで主力としてきた百貨店やスーパーにおける新規の店舗展開は、今後多くは望めないでしょう。であれば、ECなど新たな商流で消費者に訴求する力を持つ必要が出てきます。その時、歴史が持つ信頼や技術が大きな強みになってくると思うのです」

その一つが、広島牛を軸とする「ギフトの通年化」への取り組みの強化であり、精肉会社の強みを生かした加工食品の開発だ。例えば、おつまみとして人気の「コリコリホルモンせんじ揚げ」は、シンプルな味付けにこだわることでの肉本来の旨味を引き出した逸品だ。植田の社長就任以降、積極的にプロモーションをかけると、売上げは6倍以上になった。さらに焼肉のタレも人気商品に育っているといい、「私たちの強みやよさをしっかり発信し、このような成功例をもっと増やしていきたい」と、植田は次の時代を見据えたさらなる意欲を見せる。

Profile


**植田卓**（うえだ すぐる）

1975年、広島県出身。神戸国際大学卒。全国食肉学校を経て、2001年植田商店入社。2015年6月、代表取締役社長就任。

**株式会社植田商店**

〒736-0011
広島県安芸郡海田町寺迫2-3-35
☎082-822-2702
創業：1877（明治10）年
事業内容：食肉及び食肉加工品販売事業、デリカ製造販売事業、業務用食品スーパー事業
https://ueda0298.com

創業85年

## 金沢シール

# 経営品質の向上にこだわり社内の〝やりがい〟を創出 ラベル印刷を通じて「生きた商品づくり」を究める

代表取締役社長 小杉善文

ラベルは単体で成立するものでなく、商品に貼られて初めて意味を持つ。だからこそメーカーの姿勢を理解し商品の魅力をどう引き出していくか、「生きた商品」として表現することが重要だ。同時に、その品質を完璧なまでに再現し続ける必要がある。このように、金沢シールは愚直なまでに高付加価値を追求し、業界の第一人者たる評価を確立してきた。近年は「経営品質の向上」に社内一丸となって取り組み、〝やりがい〟のある企業風土づくりに注力している。

「例えば医薬品向けの商品ラベルを10万枚用意したとします。そのラベルを10万本のボトルすべてに貼付した後、たった1枚でも数にずれがあったら、ラベルとボトルは全量[*1]、市場回収になります。足りないのはもちろん、余ってもダメなのです」

＊1　ラベルが貼られたボトルからその中身まで、すべてがリコールの対象になる場合がある

そう語るのは、石川県白山市に本社を置き、食品や飲料、医薬品向けなどのラベル・シール印刷で国内有数の実績を誇る、金沢シール3代目の小杉善文。日ごろ何気なく目にしているラベルが、どれほどシビアな要求のなかで印刷されているか、その隠れた一面についての説明だ。

「もちろん、高い精度が求められるのは医薬品向けだけではありません。消費者が商品を選ぶ時、メーカーやブランド名だけでなく、見た目の印象も重要なポイントです。ごくわずかなかすれや滲みも許されないし、同じ色を完璧に再現し続けることも絶対です。またラベルは非常に薄く、高速での印刷工程では温度や湿度の影響を受け変成が生じやすい。高品質なラベルを安定して印刷し、きっちり数を揃えて供給し続けることは、想像以上に難しいのです」

その対応の一つとして興味深いのが、カスタマイズされた印刷機の導入だ。そこには長年にわたって積み重ねてきた技術やノウハウが盛り込まれ、高い競争力の源泉になっている。「機械メーカーさんからは、『金沢シールに納入実績があることは強力なセールスポイントになる』と言っていただける」というから、その絶大なる信頼を窺い知ることができる。

デジタルとアナログを融合させた品質チェックの仕組みもこだわりの一つだ。デジタル校正だけではわからない人間の力（目視）は、培ってきた歴史のなせる技。「私たちにとって何万枚と印刷したラベルの一つでも、お客さまにとっては手にしたものがオンリーワン。全員がその気持ちを持って仕事に取り組んでいるのが、当社の最大の強みではないでしょうか」

## 医薬品向け証紙から、広告マッチ、食品、電子機器などへ印刷領域を変容

昭和の高度成長期、飲食店や旅館ホテルの多くは、独自にデザインしたマッチを広告代わりに使っていた。同社の成長の基盤は、この広告マッチの印刷によって形づくられている。現在も社内には実物見本が多数保管され、ファイルにして約20冊、計1000点を超えるだろうか。それだけでも資料館がつくれるほどに、貴重で価値ある記録になっている。

創業はそのもう少し前、1935（昭和10）年まで遡る。東京のシール会社に勤め工場長の経験も持つ小杉善二が、金沢市内で金沢シール印刷所を立ち上げたのが始まりだ。〝富山の薬売り〟で知られる富山が隣県だったこともあり、医薬品の証紙印刷が主たる仕事だった。

やがて事業の柱となった広告マッチの印刷は、それ自体の売上げだけでなく、事業の裾野や会社の認知を全国に広げることにも大きな役割を果たしている。広告マッチを発注する飲食店や旅館は地元の名士であることが多く、そこからの人脈の波及が大きかったからだ。

「創業者は根っからの技術者、品質には徹底してこだわっていました。私自身、直接仕事でかかわることはなかったのですが、亡くなる直前まで病院の先生に自分の手がけた製品について熱く語っているのを聞き、衝撃を受けました。ここまで仕事にプライドを持って生きているのかと。その姿勢は、私自身もしっかり受け継いでいきたいと思いました」と小杉は振り返る。

（左上）金沢シールの経営基盤を築いた広告マッチの実物見本。（中上）長野オリンピック、日韓ワールドカップサッカー開催時に製造・販売されたステッカー。（右上）石川県白山市の本社工場内観。（左下）主力となるグルーラベル（糊がついていないラベル）と使用イメージ

現在理念に掲げる「生きた商品づくり」も、創業者の思いをあらためて言葉として明示したものだ。

２代目の善嗣のころは、新たに食品向けのラベルや、電子機器向けのシールが事業の柱として加わった。１９９０年代後半になると、世界ラベルコンテスト、全日本シール・ラベルコンテストで立て続けに最優秀賞を受賞。さらに１９９８年長野オリンピック、２００２年ＦＩＦＡワールドカップのステッカー公式ライセンスを取得するなど、「多くのメディアで紹介され、会社の歴史のなかでも特に輝かしい時代」を迎える。

しかし業務の仕組化・効率化を推進するために、業界に先駆けてＩＳＯ９００２を取得したことで、逆に会社の勢いに陰りが見えた。「標準化を進めたことで、みんながルールに縛られてしまったのです。『よりよいものを』という以前に、『決められ

たことをこなすことで精一杯』というように。必然的に、それまでの社内の活気や社員の自信に満ちた笑顔が、少しずつ失われていきました」

## 〝共創〟をテーマに「経営品質の向上」を徹底して追求

この状況に危機感を持っていた小杉は、ある勉強会で聞いた「働く人を主体に置いた経営の重要性」についての話に感銘を受け、日本生産性本部が提唱する「経営デザイン認証」制度の取得[*2]を通じた「経営品質の向上」に、全力で取り組むことを決めた。

「受け継がれてきた『生きた商品づくり』の理念も、時代によって手段が違います。創業者は熟練の技能によって、2代目は標準化によって実現を図ってきましたが、私は〝共創〟をテーマにして、みんなの力で形にしたいと考えました」

そのキーワードの一つがコミュニケーションだ。半年をかけて170人の社員と30分ずつの個別面談を行ったり、報告に終始していた朝礼を「全員で情報交換する形式」に変え、上司の顔ではなく仲間のほうを向く習慣をつけさせたり。「朝礼では自然と笑い声が出るようになり、少しずつ会社の空気が変わってきました」と小杉はその手応えを語る。

ほかにも、「やりがいを高めるためには、その頑張りをしっかり評価をする土台が重要」と、給与体系や人事評価の見直し、休日の増加など社内の仕組みを大幅に変えた。

＊2　2019年に石川県内の企業・団体で初めて選ばれた。ほかにも「健康経営優良法人」認定、「経営デザイン・ランクアップ認証」も取得している

一方で、社員それぞれが経営者視点で動けるような会社になるためにも「私にもっとずけずけと意見が言える人が増えてほしい」と言葉を続ける。「だからこそ私自身が、その思いを受け止め、期待に応えられる経営者でならなくてはいけないと肝に銘じています」

今後の事業ビジョンは「全国規模で、品質にこだわる会社」を開拓していくことだ。業種業態にとらわれることなく、視点を同じくする企業との取り組みを増やしていきたいという。

成長の形は必ずしも規模だけではない。経営品質に徹底してこだわり、人も会社もその中身を進化させ続けることで、強い会社が育っていく。小杉はそう信じてさらなる挑戦を続ける。

Profile


**小杉善文**（こすぎ よしふみ）

1970年、石川県出身。専修大学卒。2年間の社会人生活を経て、1995年に金沢シール入社。2011年代表取締役社長に就任。

**株式会社金沢シール**

〒924-0011
石川県白山市横江町495
☎076-275-6121
創業：1935（昭和10）年
事業内容：シール・ラベル・ステッカー印刷
http://www.kanazawaseal.co.jp

創業70年

# 池田屋

## 使い勝手と機能性にこだわり高級ランドセル市場を牽引「創意工夫」の精神を受け継ぎ未知なる進化を続ける

代表取締役会長 池田浩之

シンプルで、軽く、高機能。「工房系」と称される高級ランドセルのなかでも「実用品としての使いやすさ」が高く評価される池田屋。ズラリと並ぶランドセルは全82色にもなるが、実はすべての商品のサイズ、機能、加工、部品は全く同じ。違うのは、表面素材が本革か人工皮革かによって生じる艶感と色、そしてわずかな重さだけという。長い時間をかけて工夫を重ね、こだわり抜いて進化させた機能性に、絶対的な自信を持っていることの表れといえるだろう。

池田屋のランドセルの大きな特徴が、牛革と人工皮革をミックスした「ハイブリッド構造」だ。蒸れやすい背クッションや、防水性が求められるかぶせ[*1]の裏側は水に強い人工皮革、フィット感が求められる背ベルトには肌なじみのよい牛革が、全モデルに共通して採用されている。

＊1　ランドセルのふたの部分

一方、かぶせの表側や、マチ部分の素材は見た目の印象を大きく左右するため、牛革、コードバン、人工皮革といった、風合いもさまざまな素材が揃い、好みのものが選べるようになっている。子どもが毎日使うものだからこそ、使い勝手と機能性が最優先。そのために「素材を適材適所で使う」という哲学が徹底されているのだ。

オリジナルのランドセルを同社が手がけるようになって約40年。この間、一度も前年の販売数を下回ったことがない。絶えざる工夫を重ねて製品が進化し続けてきたゆえだ。昨年は、ランドセルの底板の仕様を変更して約5グラム軽量化した。海辺の学校に通う子どもから「金属部品が錆びた」という声を聞いて樹脂に変えた部品もある。

「毎年自信を持って商品を送り出していますが、不思議なことに毎年何かしらの改良点が出るんです」と、2代目として後を継ぎ、現在は代表取締役会長を務める池田浩之は微笑む。

## 「戸板1枚」の商売から、高級ランドセルを牽引するメーカーへ

創業者は池田の父、池田綱吉。旧満州で軍人をしていた綱吉は商売とは無縁だったが、復員後に静岡県清水市の商店街の店先に場所を借り、戸板1枚敷いた上に小間物を並べて商ったのが始まりだ。1950（昭和25）年に店舗を構えてからは商品が次第に袋物に統一され、池田の物心がついたころには「まちの鞄屋さん」として地域に親しまれていた。

「こんな小さい店を継ぐ必要はない」と父に言われて育った池田は、高校を卒業すると東京の大学で写真を学び、カメラマンとしてキャリアをスタートさせる。やがて自分の写真を加工したアクセサリーを販売したり、商売の才覚を買われて鞄の小売店の店長に抜擢されたりと、次第に家業に近い立ち位置に引き寄せられていく。27歳で静岡に戻ると、父の右腕として仕入れから販売まで店舗運営のすべてを担い、独自の工夫で店を発展させていった。

「店舗のある清水市から、百貨店など商業施設が多い静岡市までは車でわずか30分。どこにでもある仕入れ商品を置くだけでは勝負できない」。そう考えた池田は、自店のオリジナリティをいかに出すかにこだわった。最初にその試みが形になったのが「集金鞄」だ。

当時はまだ酒や米を自宅に配達して集金するスタイルの商店が多く、重い釣り銭を詰め込んだ〝集金カバン〟は商人たちの必需品で、消耗品の鞄として定期的に売れていた。しかし買い替えて捨てる鞄を観察すると、特定の部分ばかりが傷んでいることに気づく。そこで池田は職人に掛け合って、傷みやすい部分を強化した特別仕様の集金鞄を売り出したのだ。これまでの倍以上長持ちする丈夫な鞄は口コミで評判になり、今もロングセラーとして愛され続けている。

ランドセルも同様だ。池田は販売と並行して修理も積極的に引き受けていたが、その過程でマチ幅を調整するベルト部分の接着がはがれるケースが異常に多いことに気づいた。そこでメーカーに独自の加工を依頼したのが、同社オリジナルのランドセルの第一歩になる。

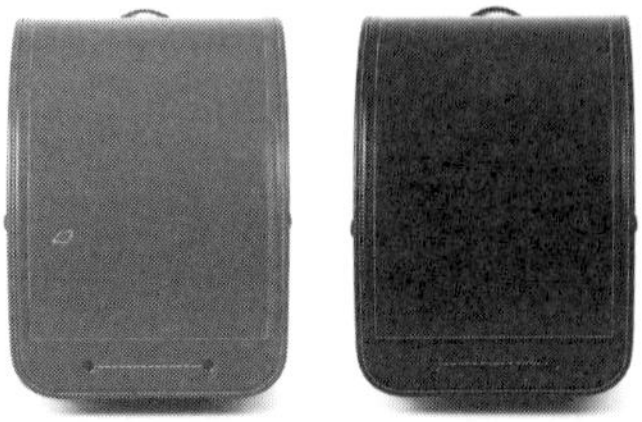

（左上）1960年ころ、創業地である清水銀座（静岡市清水区）に構えた「池田カバン店」外観。（右上）使い勝手と機能性に徹底的にこだわった池田屋のランドセル．（左下）フラッグシップ店舗の一つ「池田屋静岡店」外観

その後も顧客の声をヒントに改良を重ね、販売数は5年で3倍以上に伸びた。静岡店がオープンした１９８４年ごろには、同社の製品力やサービスの確かさは着実に地域に浸透していった。１９９４年にはテレビＣＭも始まり「ぴかちゃんランドセル」の愛称でブランド化が進んだ。

「このころになると、静岡県外からも問い合わせや注文が頻繁に入るようになりました。『静岡に赴任していた時に買ったランドセルがよかったので、弟や妹のために買いたい』という転勤族の方が多かったですね。なかにはご近所の分までまとめて注文くださる方もいました」

地域密着型商品だと考えていたランドセルには、市場を全国に広げても戦えるポテンシャルがあるのではないか。そう考えた池田は、当時、浜松店の店長をしていた現社長の長岡にホームページの立ち上げを指示し、業界に先駆けてネット通販をスタートさせる。

しかしランドセルは「現物を見て買いたい」というニーズも強い。そこでリアルな拠点の開設が不可欠と判断し、2003年に東京・銀座に店舗を構えた。銀座といえば、いまや高級ランドセルメーカーが集結する「ラン活のメッカ」[*2]だが、実はその先駆けも池田屋なのだ。

## 「子ども想い」という理念を発展させ、新時代の価値を創る

2016年2月に開催した「池田屋創める会」。池田はここで「今後私たちは企画開発型企業を目指していく」という強いメッセージを社内外に発信した。

「長い歴史があるからこそ、お客さまも社員自身のなかにも『池田屋は鞄の小売店』という認識が強く残っていました。しかし売るだけが仕事ではないんだぞと。私たちはメーカーとして、独自のモノづくりを究めていこう。その意識をあらためて周知徹底したのです」

その成果は顕著に表れた。開発・改良のスピードが上がり、出店ペースも格段に早くなったのだ。直営店舗は全国7店舗に広がり、業績の伸びも加速した。

創業70周年を迎えた2020年、同社は有限会社から株式会社へと組織変更し、ランドセル事業を拡大してきた長岡和久に3代目を託した。この時、池田が新社長に真っ先に伝えたのは「ランドセル事業にこだわる必要はない」というメッセージだったという。

＊2　小学校入学を控えた子どものランドセルを購入するための活動。近年非常に激化している

「池田屋はランドセルで成長してきましたが、ランドセルだけに依存する会社にはしたくありません。先代が築いた地盤を受け継いだ私が、創意工夫で事業を広げたように、今回、自分が会長に退いたことは、新たな発展が始まるチャンスになると思っています」

現在、新社長を中心に、子どもたちに良質な体験を届ける「子ども思いの森プロジェクト」という社会貢献活動が活発になっており、ここから新規事業が生まれる可能性も大いにある。

「当社の原点は、最初にランドセルのベルトを縫った『創意工夫』です。この精神はすでに社内に共有されていますから、次にここから何が生まれるか、私がいちばん期待しています」

## Profile


**池田浩之**（いけだ ひろゆき）

1952年、静岡県出身。日本大学芸術学部卒。ハンドバッグ問屋、池袋パルコ内のバッグ専門店の店長などを経て、1979年に池田屋カバン店入社。2015年代表取締役社長、2020年2月代表取締役会長就任。

**株式会社池田屋**

〒420-0031

静岡市葵区呉服町1-30 札の辻クロス 103

☎054-255-9173

創業：1950（昭和25）年

事業内容：ランドセルをはじめとする鞄・バッグの企画開発・仕入れ・販売

https://www.ikeda8.com

創業58年

# 森田ビル通商

## 楽しみながら働けるオフィス空間を通じてふるさと大津を、クリエイティブに変えていく

代表取締役社長 森田浩史

**日本一の湖、琵琶湖の西岸に寄り添う滋賀県大津市。県庁所在地だが、オフィスや官公庁関連のビルに交じって古い民家が点在する街並みはどこかのどかな雰囲気だ。京都へ電車で10分弱、大阪にも40分ほどでアクセスできる便利さと豊かな自然を併せ持ち、都市部にも通勤しやすいため、「暮らす街」というイメージが強いが、この地で長く不動産業を営んできた森田ビル通商2代目の森田浩史は、大津を「働く街」として輝かせたいと未来を語る。**

ＪＲ大津駅を降りて街を歩くと、あちらこちらで「森田ビル」の看板を掲げたビルを目にする。森田ビル通商は、大津市を中心にオフィスビルや賃貸マンションなどを保有し、貸しビル業を中心に事業を展開する不動産会社だ。

2017年、一代で会社を大きくした先代の森田昌司が会長に退き、次男の森田浩史が事業を継承。翌2018年に森田ホールディングスを設立して体制を一新した。これからを新時代と位置づけ、従来の「貸しビル」のイメージを塗り替える新たな事業に取り組んでいくという。

「自社ビルの多くがオフィス物件なので、もっとクリエイティブなオフィスを提案していきたいと思っています。事務所は白い壁に蛍光灯の無個性な空間が当たり前、という状況を変え、そこにいるだけでワクワクできるような仕事の場を生み出したいのです」

居住物件では、すでに森田が全面的にリノベーションを手がけたマンションをリリースして即満室にした実績もある。LED、IoT、スマートロックといった新しいテクノロジーと斬新なデザインを掛け合わせ、働くことが楽しくなるような空間提供を目指す。「仕事の意味は時代に合わせて変化していきます。昔は『食べるため』だった仕事が、だんだん『豊かになるため』に変わっていきました。そしてこれからは『楽しむために働く』時代になると思います」

## 事業基盤を築いた創業者の「眼力」に、ロジックを掛け合わせて

先代の昌司は酒屋の丁稚から仕事を始めた苦労人だ。酒屋の経営を任されてからは、本業だけでなく食品卸、飲食店経営、ゴルフ場経営も手がけ事業を多角化。そのかたわら、地元の政治家に見込まれて秘書としても活動した。持ち前のバイタリティーを生かし、地域の困りごと

解決のために滋賀県中を奔走していたことは地域でも広く知られている。

こうして築き上げた濃密な人脈と情報網を生かして70年代に不動産業にも乗り出し、１９９０年には自らの名を冠した「森田ビル」を大津駅前に新築。着々と保有物件を増やし、地域のオフィスストックを充実させてきた。世の中が好景気に沸いたバブル期も投機的な売買に走らず、資産として守り続けている。

「目先の利益より、10年先、20年先を見ていたのでしょう。資産として多くの物件を残してくれたことに本当に感謝しています」と森田は語る。

森田は１９８０年に末っ子として生まれ、物心がついたころには家業が軌道に乗っていた。そんな自分を「苦労知らずのぼんぼん」と評すが、学生時代には誰に教わるでもなくアパレル関連のネットビジネスを始めて商才の片鱗を見せ、27歳でマンション運営や管理を手がける会社を京都に一人で立ち上げている。父から跡継ぎだと名指しされることもなく、特に薫陶を受けることもなく、起業という形で自ら不動産の世界に飛び込んだのだ。

独学でビジネスを学んだ森田と、人脈がもたらす情報力に裏づけられた直感を信じて事業を拡大した先代では意思決定のスタイルがずいぶん違う。

購入候補の物件を見るなり「稼ぎそうな顔しとる」「ここは暗い」といった独自の眼力を発揮した先代に対して、森田は物件購入でも、管理運営でも、事前に徹底的に収支をシミュレーシ

（左上）創業時に使用されていた森田ビル通商のロゴ（第６森田ビル）。（右上）同社として最初の新築ビル「大津駅前第１森田ビル」（1990年竣工）。（左下）本社建物-第14森田ビル）外観

ョンして臨んだ。未来予想に施設の老朽化や市場変化による家賃下落のリスクを折り込むのはもちろん、支出面でも返済、清掃等の外注費、光熱費、機器類のリース、固定資産税、各種保険、金利などすべてを洗い出して月割りで精査し、最悪の想定でもキャッシュが回せるラインを設定してからでないと動かない。

ただし二人には強い共通点もある。それは、惚れ込んだ物件しか扱わないこと、最後まで面倒を見る覚悟のない物件は決して購入しないことだ。

２０１２年、父の下で同社の経営に加わるようになった森田は、まず自社保有のすべてのビルに詳細なカルテをつくって収益構造を可視化し、先代だからこそ成り立っていた感覚的な金勘定を大きく変えた。「ビルでも人間でも、きっちり健康診断すればどんな病気を持っているかわかります。

望みがないほど悪性かもしれないし、手術が要るかもしれないし、薬で治るかもしれない。細かく状況を把握すれば、ロジカルに対策を打つことができます」

こうした取り組みで月ごとの変化が細かく追えるようになり、メンテナンス計画も円滑化した。また、経費の急激な変動をチェックすることで漏水などのトラブルも早期に見つけられるようになったという。その結果、各ビルのキャラクターが明確化したというのも面白い。

「財務をビル単位でざっくり見られるようになりました。例えば、経費を捻出しているのはこのビル、返済担当はこのビル、利益を増やすのはこのビル……という感じです」。流行遅れになったビルには服を与えるように改築を施し、調子が悪いビルには、治療するような気持ちで修繕する。その視線は、まるでわが子を慈しんでいるようだ。

## 大津が起業の舞台になるように、自由な働き方を志す人を呼び込める街へ

「もともとファッションやインテリアが好きで、『かっこいい人に選ばれる、かっこいい空間をつくりたい』思いが強くありました。大津の街を起業の舞台に選んでもらえるように、他地域からも人が呼び込めるような魅力的なオフィスで大津を変えていきたい」と森田は語る。

一方で、テナントとの共存共栄の関係をもっと強くしていくことも新たな使命として掲げる。新型コロナウイルスの被害拡大の過程では、緊急事態宣言の発令前に先んじてテナントに賃料

減額を提案した。政府保証金の申請手続きの指導や代行も積極的に行った。今後は「予期せぬ危機に備えた、入居者向けの独自の保証金制度」も構築していく予定だという。

「ビルを貸す借りる、家賃をもらうといった形式だけの関係ではなく、どうお互いが支え合い事業を相乗していくかが、これからの不動産事業に求められるものだと思うのです」

その方向性の一つとして、大津のランドマークになるような新商業ビルの建設を準備中だ。さらにその先には、マレーシアやタイ、ハワイをはじめとした海外事業の展開も予定しており、そこで得た知見を地域に還元し、さらに魅力的な街づくりへの貢献を目指す。

Profile


**森田浩史**（もりた ひろし）

1980年、京都府出身。大学卒業後、京都・大阪で不動産会社勤務、2005年の起業を経て、2010年森田ビル通商入社。2017年6月、代表取締役社長就任。

**森田ビル通商株式会社**

〒520-0044
滋賀県大津市京町3-4-32
☎077-526-1000
創業：1962（昭和37）年
事業内容：貸ビル・不動産投資・賃貸マンション・クリーンエネルギー事業
http://www.morita-building.com

創業44年

# ヨシダ防災設備

## 社会的使命を高く消防設備点検の多様なニーズに対応 創業者の想いを受け継ぎ業界のレベルアップに尽力する

代表取締役　上村裕基

消防設備のあるビルやマンションは、国家資格者の消防設備士による点検を年2回実施するよう義務づけられている。点検結果は法令の様式書類で作成し、所轄の消防署へ提出しなければならない。ヨシダ防災設備は、その消防設備点検を中心に、消防設備等改修・リニューアル工事や建築設備定期検査などまで幅広く展開。事業の社会価値を重視し、作業品質の高さや独立系ならではの多様な対応力などを強みに、業界の新たな可能性を切り拓いている。

防災設備の保守点検は民間企業の事業だが、社会インフラを支え人命を守るという大きな意義を持つ。その強い使命感が、ヨシダ防災設備の事業に対する姿勢の根幹にある。

創業は1976年、消火器メーカーの販売営業に従事していた吉田勝彦が立ち上げた企業だ。

当時は国を挙げて防災対策への機運が高まっていたころ。千日デパート火災（大阪市）、大洋デパート火災（熊本市）と、かつてない規模の火災事故が続き、1974年に消防法が改正。翌年「消防用設備等点検報告制度」が施行された直後のことになる。

かねてから起業意欲が強かった創業者は、その時代の流れに事業の社会的価値と新たなチャンスを感じた。一方で、消火器を販売していた時の経験から、この制度の徹底のためには業界のイメージ改善から取り組まなければいけないと考えた。

事業のスタートは、法に基づいた設備点検業務から。しかし当時は法令順守への意識が低く、新たなコスト負担が生まれることなどを理由に、導入には消極的な企業ばかりだったようだ。そのため同社は、清掃の仕事を請け負うなどして収入を確保しながら、機を窺っていた。

やがて少しずつ制度が浸透するなかで、独自の営業戦略を展開していった。それはビルメンテナンス会社との契約に注力したことだ。ビルメンテナンス会社と1社契約すれば、その会社が請け負っているビルとまとめて契約することができるため、営業効率が格段に上がる。一方、それは同社が独立系企業であることをメリットとして打ち出せる。メーカーとのしがらみがないため、どんな設備にも対応できるからだ。

さらに業界に先駆けて24時間緊急対応の体制を整えるなど、創業以来顧客ニーズに真摯に向き合いながら、着実に信用力を高めてきた。

## 技術者・資格者の育成を重視。人材力と業務品質の高さで信頼を積み重ねる

2代目社長の上村裕基にとって、創業者の吉田は叔父にあたる。高校卒業後、大手自動車会社に内定をもらっていた上村は、アルバイトをきっかけに入社を請われた。

「先代から『大手に入って制約の多い人生を選ぶより、小さな会社のほうがチャンスがある』『好きと誇りとは違う』などと、半ば強引に誘われたのです。それまでは消防点検義務の存在すら知らなかったのですが、不思議と自分のなかでそれらの言葉が腹落ちしました」

1989年の入社直後、印象的な出来事があった。点検を行ったビルで火災が起きたのだ。消防とともに現場検証に行くと、上村が点検して名前を記した消火器も現場に転がっていた。そこで初めて防災の大切さを実感する。

そしてもう一つが、2001年9月の死者44名を出した歌舞伎町ビル火災の現場を見たことだ。そのビルでは、誤作動が起きるからという理由で火災報知機の電源が切られ、テナントの又貸しが多く責任者の所在が曖昧だったため、避難経路も正しく整備されていなかった。

「この火災をきっかけにあらためて消防法が改正され、点検のあり方や世の中の見方が変化しました。法律は一般的に不遡及の原則がありますが、消防法は例外で過去の建物でも不特定多数の人が出入りする建物や病院などは、現在の基準に従わなければなりません。点検はより厳

（左上）創業間もないころのヨシダ防災設備本社外観と、（右上）現在の建物外観。（左下）消火器、消防設備はもちろん、建築設備定期検査や建築物定期調査などまで業容を拡大している

格に、緻密さが求められるようになったのです」

同社の品質の高さを象徴する一つのエピソードがある。それはある官公庁施設の新築にあたり、消防設備点検業者の選定を行った時のことだ。当初こそ設備メーカーが担当したが、その対応に不満があり数年後の見直しの際に、あらためて声がかかった。現場に立ち会うといくつもの問題点があり、結果、同社が受注することになったのだ。

このような優位性の背景にあるのが、人材育成に対するこだわりだ。「かつて仕事が増えすぎて人手が足りなかった時も、先代は臨時に人を雇うことはしませんでした。そして技術者・資格者を育てていくことに注力したのです」

その企業文化は今も受け継がれ、入社後3年間の研修や、独自の社内検定を多数構築するなど、育成力はさらに強化されている。

一方で上村は、来るべき会社の継承を見据え、事業領域の裾野拡大にも注力してきた。従来の消防設備点検に加えて、建築設備定期検査や特定建築物定期調査など、関連する法定点検業務に着手し、さらに消防設備の改修・リニューアル工事などに事業の幅を広げた。現在では工事関連の業務が過半に上り、上村の入社時から売上げは6倍以上になっているという。

## 点検報告率をどう上げるか。常識にとらわれない新たな可能性を模索

社長就任は2015年、先代の急逝によって、その時は突如訪れた。「大切にしたいと思ったのは、先代の想いや誇り、ポリシーといった心の部分。売上げが増えればいい、合理的に終わらせてしまおうという考え方は、お客さまに見抜かれてしまいます」と上村は語る。

「防災設備は常時使うものではありませんし、お客さまにとってわかりにくいもの。だからこそ私たちは誠実であり続ける必要があります。いざという時の怖さをわかっている私たちが、安全・安心にこだわり続けないといけないのです」

近年は取り組みの幅をさらに広げ、消火器の使い方の指導をはじめ、消火訓練の実施や消防計画の策定にもかかわるなど、ソフト面の対応にも力を入れている。そして現場の意識を啓蒙しながら、「全国平均でわずか50パーセントにとどまっている所轄の消防署への点検報告率を、どう上げていくか」が現在掲げている大きなミッションだ。

「報告率が上がりにくいのは、多くのビル所有者にとって消防点検や整備が〝コスト〟という感覚が強いから。ですからコストではなく投資もしくは効率化など、前向きな取り組みに変えていく方法を模索しています。例えば、しっかりした消防点検がなされている建物は、火災保険料が減額可能になるなどのように。すぐの実現は難しいかもしれませんが、そういったアイデアをいくつも提案していきたいですね」

人の目を真っ直ぐに見て話す上村。その誠実な人柄と事業の社会価値を大切にする姿勢が、業界の革新と社会の安心を担っていくに違いない。

Profile

**上村裕基**（かみむら ひろき）

1970年、新潟県出身。東京都立第三商業高校定時制卒。大手自動車会社に内定をもらっていたが、卒業後のアルバイトを機に先代社長に誘われ、1989年ヨシダ防災設備入社。2015年、代表取締役に就任。

**株式会社ヨシダ防災設備**

〒124-0014
東京都葛飾区東四つ木4-9-9
☎03-3697-1692
創業：1976（昭和51）年
事業内容：消防設備点検・工事、建築設備検査、特定建築物調査
https://www.yoshida-bousai.co.jp

創業74年

# ナミックス

## 電子部品用導電・絶縁材料で世界の市場をリード
## 人材と事業への積極投資で〝よい会社〟を目指す

代表取締役社長　小田嶋壽信

導電と絶縁、相反する二つの技術を高いレベルで併せ持ち、世界的なエレクトロニクス材料メーカーとして躍進を続けるナミックス。「グッドカンパニー大賞」2015年グランプリを受賞したように、製品の優位性や技術力の高さはもちろん、事業のグローバル性、人材の育成・登用、理念を大切にする企業文化、地域貢献への注力など、経営バランスの高さは折り紙つきだ。2022年に完了予定の本社再編事業を機に、その優位性にさらに磨きをかけていく。

まるで空に浮かぶ宇宙基地のような、全面ガラス張りの流麗なフォルム。ナミックスの叡智と技術の粋が集結した一大研究開発拠点「ナミックステクノコア」は、訪れるものの目を奪い強い興味を掻き立てる、ひときわ高い存在感を誇る施設だ。

この独創的なデザインを採用した理由として、社長の小田嶋壽信は「私たちの想像を超えていたこと」をいちばんに挙げる。「面白いもの、未知なるものを生み出す発想はこういう場所から生まれるはずだと、私と先代の意見が見事に一致したのです。新しい挑戦が好きで異文化への興味が旺盛なのは、創業者から受け継がれてきたDNA。長く業界の第一人者として持続的な成長を可能にしてきたのは、こういった企業風土が原点にあるのではないでしょうか」

## 機能ではなく塗料から入ったことで、導電と絶縁の相反する技術が身に付いた

終戦後、満州から引き揚げてきた小田嶋壽明が、新潟で食品を扱う事業を立ち上げたのが1946年。すぐに塗料業界の可能性に目をつけ、原材料不足のなか目の前の日本海で獲れる魚油を使った塗料開発に着手し、翌年に北陸塗料を設立。「えちご漆」などの独自製品を次々に世に出し、日本海側唯一の化学塗料メーカーとして注目を集めた。

しかし国内のインフラ整備が進み、大手の塗料会社の製品が新潟に進出するようになると、とても勝ち目がないと考えた壽明は、新たな道を模索することになる。そこで目を付けたのがセラミックコンデンサー用の絶縁材料だった。

「『輸入品に依存しているため、値段は高いし納期もコントロールできない。なんとか国内で調達できるようになれば』。ある日そんな話を聞きつけたようです。当時それらは電子塗料と

呼ばれており、『同じ塗料なら自分たちにもできるはず』とすぐに開発に乗り出しました」

実現には数年もの歳月を費やしたが、1958年に国産初の防湿絶縁塗料「セラコート」が完成。1964年には抵抗器用の絶縁ペースト「オームコート」も発売し、市場のニーズを的確に捉えたこれらの商品はいずれも高い支持を受けた。

その後、これまでとは真逆の機能を持った導電ペースト「ハイメック」を1971年に発売。「絶縁材料と導電材料を同時に手がける会社は世界的にも稀」であり、これを機に同社はさらなる飛躍のステージに立つ。「私たちにとってよかったのは、機能ではなく塗料という概念で事業が始まったこと。樹脂を使う、材料を混ぜ合わせる、その技術の蓄積をベースとしていたため、相反するニーズに柔軟に対応できたのだと思っています」と小田嶋は振り返る。

さらなる成長への分岐点は1970年代後半。当時はまだ一般塗料の扱いも多かったが、後に2代目を継ぐ壽一は「今のうちから古いものは捨てて新しいことに特化しないと、技術の変化のスピードについていけない」と強く主張。かねてから「意見が対立したら、父親（創業者）側が引くこと」を条件に会社の後継を受け入れており、約束通りこの機に社長交代を実施。あえて売上げの半分を捨てるリスクをとって、専業化を推し進めた。

2代目が手がけたもう一つのテーマが海外展開だ。1999年の中国現地法人設立に始まり、米国、シンガポール、デンマーク、ドイツなどと矢継ぎ早に拠点を開設している。

（左上）1964年、新潟地震直後の北陸塗料本社。右側が創業者の小田嶋壽明。（右上）宇宙基地を彷彿させる全面ガラス張りのR＆D拠点「ナミックステクノコア」外観。（左下）事業所内保育園「えびがせ保育園アミック」。小田嶋社長が園長を兼務するほど力を入れている

これらの取り組みは、小田嶋の3代目就任を機に大きく花開いた。現在10カ国３８０件以上の特許登録、26カ国で商標登録を保有し、売上げに占める海外比率は8割までになったのだ。

ここであらためて事業の概要を確認してみよう。製品の用途は、パソコンやスマートフォン、白物家電など、私たちの生活に欠かせない電化製品、情報通信機器や社会インフラ制御、車載システムなどに用いられる電子部品が中心となる。

絶縁材料に求められるものは、高純度、接着強度を高める、防湿の主に三つ。かつてはケーシング[*1]で処理されていたが、より極小化が進むなかで、液状の材料でその機能を進化させたものだ。主力となる半導体向け液状封止材「チップコート」は、世界シェアの5割以上を占めるという。

導電材料では、焼成型導電ペースト「ハイメッ

＊1　箱状の部品で隔離することにより、絶縁・防湿機能などを持たせること

ク」、低温処理可能な「ユニメック」「MO」、新規開発品の電磁波シールド用ペースト、高伸張性低抵抗導体ペーストなど、国際競争力の高い製品を多数輩出。さらに精緻な要求に応えるために、ペースト材の機能を代替する薄膜・高絶縁性接着フィルムを開発し市場を拡大中だ。

## 「Small but Global」は必然。さらに「幸せを共感・共有できる会社」へ

「まずはオンリーワン、競合が増えてもナンバーワンであり続けることができる領域で勝負していくこと」が、同社の根幹にあるスタンスだ。「私たちの技術が必要とされ、細かいところまで手が届くような」その選択と集中が、同社の存在感を押し上げてきた。

必然的に技術領域への投資は惜しまない。例えばエンジニアなら、世界中の学会に行かせプレゼンなどで場数を踏ませる。それも自社技術だけでなく、納品先の各業界から調達先まで多様な事業領域で知見を積む。社内には技術データベースを構築し、失敗した事例もすべて共有できるようになっている。そして「すぐに成果が出なかったとしても、将来への蓄積になるならそれは失敗ではない」の言葉に表れる〝挑戦する風土〟が、その進化を後押しする。

先代が始めた「経営計画書」も企業文化の中枢を担う。「書かれているのは、経営のベクトル、年度基本計画、品質の目標など。現在置かれている状況やこれからやるべきこと、他の部署はどんな状況かなど、会社の全容が俯瞰できるようになっています」

2020年から新たな中期経営計画がスタートした。掲げたテーマは「Sustainable Growth」。これまでの「Small but Global」はもはや当然として、その継続的成長に力を注ぐ。目玉になるのは2022年完成を予定する本社再編事業だ。「つながる」「つなげる」をコンセプトに、生産動線から人と人とのかかわり方、働き方の改革までをこの機に進めていきたいという。

「私たちが目指すのは規模の追求ではなく、〝よい会社〟であり続けること。一人ひとりの多種多様な幸せに向き合い、その実現に努めることで、働く人、かかわる人みんなが『この会社でよかった』と言ってくれる、そんな会社であり続けたいと思っています」

## Profile

**小田嶋壽信**（おだじま としのぶ）

1968年、東京都出身。法政大学卒。SMK香港現地法人での勤務を経て、1997年ナミックス入社。2003年代表取締役副社長、2006年代表取締役社長に就任。

**ナミックス株式会社**

〒950-3131

新潟市北区濁川3993

☎025-258-5577

創業：1946（昭和21）年

事業内容：エレクトロケミカル材料の研究・開発、製造、販売

https://www.namics.co.jp

# 予期せぬ危機にどう向き合うか、老舗企業の経営に学ぶ

2020年、コロナ禍の拡大により社会は大きく混乱し、「レガシー・カンパニー5」も編集の中断を余儀なくされた。しかし取材を再開すると、想像以上にどの経営者も前向きで、老舗企業ならではの強さや危機管理力の高さを、あらためて感じることができた。そこで「予期せぬ危機にどう向き合うか」をテーマに、今回紹介した企業を中心とする複数の経営者に話をうかがい、共有すべきであろう経営の考え方や取り組みを、個別事例をもとにまとめてみた。

1世紀を超えるような長い歴史を持つ企業の経営者も、一つの感染症の拡大がこれほどまでに社会を混乱させ、経済に打撃を与えるとは予想できなかったようだ。地震や台風などの自然災害、外交や金融、もしくは業界固有の問題。経営に大きな影響を及ぼす外部リスクは、おおよそこの範囲で捉えていた。しかしその中身が何であれ、「予期せぬ危機は繰り返しあるもの」と、ごく自然に受け止めている。これが老舗の老舗たるゆえんといえるだろう。

例えば、安田工業（第3巻掲載）の安田拓人社長は、好不況の波が激しい工作機械業界に身を置くこともあり、「10年に一度は大きな危機が来ること」を経営判断のなかに織り込んでいるという。コロナ禍の拡大を受けての最初の感想は「やっぱり来たか」だった。重視しているのは中期計画。「この時間軸のなかで最終的に目標が達成できればよく、計画に沿って粛々と目の前のことに取り組んでいくだけ」というスタンスを保つ。

この「粛々と」という言葉は今回目立った。金沢シールの小杉善文社長も「コロナ対策という以上に、これまで進めてきた『経営品質の向上』を粛々とやり遂げるだけ」と語っている。「2020年は厳しい年になるから、そのつもりで臨むように」と昨年から社内周知を図っていたのが菱中産業の中谷全宏社長。主要顧客である酪農業界は、牛乳の買取価格の変動による景況落差が大きいため、「調子がいい時期は10年の間に1~2年しかない」ことを常に意識。近年の好調さの反動を予期していたからだ。そのため市場が盛り上がっている時も、あえて身をかがめて「景気が一段落した後に攻勢をかけるための準備期間」と捉えている。

一方で肌身に感じる消費の動きから、「2020年はかなり酷い年になる」と覚悟していたのが、やがて創業400年を迎える酒造会社、福光屋（第1巻掲載）の福光松太郎社長だ。きっかけの一つと考えていたのは消費税の増税。そのため昨年から「間接コストの見直しや、広がり気味だった商品アイテムの絞り込み」などを進め、中期的な戦略を練り直していたという。

## 「売上げが激減しても給料は払い続けられる」財務力の高さが老舗の強み

企業の危機対応力の高さを示す大きな指標が財務の健全性だろう。今回の取材では失礼を承知で、「売上げがない年がどれくらい続くと会社が傾きそうか」という質問を投げかけてみた。すると2年3年はごく普通、なかには5年という驚くべき数字も挙がった。

そのなかで印象的だったのが、ヨシダ防災設備の上村裕基社長の回答だ。創業者が米どころの新潟の出身で、1年にたった一度の収穫が台風で台なしになるなどの被害を間近に見ており、「1年間無収入でも大丈夫な会社にしておくべきだ」と常に言われていたのだという。

もっともただ耐えるだけではない。ゼネラルアサヒの松岡弘明会長は「苦しい時期だからといって安易に内部留保に手を付けるのではなく、逆に増やすくらいの気概が必要だ」と言い、リボン食品の筏由加子社長は「1年間も回復の見込みがないなら、その事業はもう時代にあっていないと考えるべき。利益が出ている事業でも、将来性がないと考えたら勇気を持って止める。その決断ができてきたことが伝統的な強みになっている」と語る。

簿価の低い不動産を多く持つことも老舗の財務力の強さの一つだ。ハニーファイバーの「おたふくわた」ブランドの復興も、「歴代の経営者が好況期に不動産をこつこつ買っていたことが大きかった」と原田浩太郎社長は言う。木綿ふとん業界の低迷期に、不動産の売却と賃貸収入で存続を図りながら、攻勢のタイミングを待つことができたからだ。

三ツ矢グループの財務力のキーワードも、やはり「所有」だ。本社や営業所だけではなく、タクシーの駐車場敷地も自社資産。リースが全盛のOA機器もすべて購入が前提で、月々の支払いを極限まで抑えている。森川ゲージ製作所の森川正英社長も、経費の先送りをしないことを重視する。「設備投資では、税制優遇を活用した即時償却を可能な限り進め、目の前の利益や将来的な節税よりも、先々の負担になりうるものを省くことを心がけている」と言う。

このような守りの強さが、コロナ禍によって求職面でも見直されているようだ。「よい時に収入が増える以上に、悪い時期に収入が担保されるかどうか」が注目され、大企業・有名企業だけでなく「長い歴史を持つ企業」であることも安心の代名詞となると。森川社長は「特に地方（本社は香川県）では今まで以上に価値を持ち、採用活動にプラスになってきた」と語る。

そもそも老舗企業は「ファミリー経営」が基本にあり、安心して働ける会社であるために社員を守ろうとする姿勢が強い。今回も緊急事態宣言と前後して速やかにトップメッセージを発信しているケースが目立った。中心となるのは「雇用を守る」「給料を下げない」の二つ。

大塚産業マテリアルの大塚誠厳社長のメッセージはまさにその象徴で、「財務はしっかりしているから、仕事がなくても3年間は給料を払える。まず自分たちの命を大切にしなさい」と全社員に伝えたという。堀江車輌電装の堀江泰社長は、社員の家族にも安心してもらいたいと各家庭に手紙をしたため、グルメカタログギフトを同封した。ナガオカグループは、ちょうど創業80周年を迎えたこともあり、国に先駆けてまとまった一時金を支給している。一方で森田ビル通商が、非常事態宣言に先んじて入居企業に家賃減額を提案したのも興味深い。

## 大きな変化は、「求められていた変化」のスピードが上がったこと

コロナ禍による経営の変化は、内容という以上に「時期とスピード」というのが多くの企業における認識だ。今まで考えもしなかったことを始めるのではなく、本来あるべき姿に立ち返り、かねてから着手すべきと考えていたことを早める機会になるのだと。

「10年くらい前倒ししている感覚」と語るのは、繊維・アパレルの製造販売を手がける三星グループ（第3巻掲載）の岩田真吾社長。スタートアップとの親交も広いことから「彼らの変革スピードには学ぶものが多い」とあらためて感じているという。「老舗企業の特徴として守ることは鍛えられているが、新しい仕組み（リモートワークなど）への変化に対しては弱い部分も多かった。しかし組織や働き方のあり方を見直すよい機会になっている」と言葉を続ける。

この「会社のありようを見直す絶好のチャンス」というセリフは、ほとんどの企業から聞くことができた。営業の方法、顧客への向きあい方、組織の再構築などの経営の根幹に立ち返り、「自分たちの会社の本質的な価値は何か」「会社に来て働くことにどういう意味があるか」など、

より深くより本質的なところまで踏み込んで、自問自答の時間を多く割いたという。

「出張が激減して会社にいる時間が増えたため、自社や業界、取り巻く環境のことなど、過去の資料を整理してみた。その過程で『日本における養蜂の意義を発信する』という自分たちの役割を、もう一度見つめ直すことができた」と語るのは、秋田屋本店の中村源次郎社長。同様に事業の枠を超えた業界の底上げにこだわるヨシダの山中一剛社長は、かねてから多彩な〝共創の場〟づくりを進めているが、厳しい環境下でもそのスタンスは貫き続けたいという。

組織再編によるスピード化の事例を二つ。リボン食品は売上げの主力となる土産菓子用の市場減退の影響が大きく、新しいマーケットの開拓が命題だったが、「既存顧客のフォローをしながら新規の営業をしていると進まない」と営業の役割を切り分け、取締役の管掌の形も変えた。

三星グループは、新ブランド立ち上げを社長直属のチームにした。「コミュニケーションを取る機会が増え、危機感や弱みも伝えることで、意識変革につながった。社員も成長したし、社員満足度も上がった」と効果を語る。そして「リーダーのありようで、組織は大きく変わるとあらためて実感した」と言葉を続ける。群栄化学工業の有田喜一郎社長も「この人とだったら一緒に頑張らないといけない」と思ってもらえるリーダーであることの重要性を口にする。

一方「個人商店的な組織の強み」を生かして、速やかに事業を変容させたのが水野産業だ。社員個々のパフォーマンスの高さと仕入先との協業により、テイクアウト用品や衛生用品などの販売に注力。「これまでとはほぼ別の会社」と呼べるほど売上げ構成が変わったという。

営業手法の見直しとして多いのは、直販ならびに消費者へ訴求する力の強化だ。特にEコマースはコロナ禍とは関係なく多くの企業で喫緊のテーマで、早くから準備してきた企業は顕著な成果を収めている。また販路の直間比率の見直しも課題として多く、卸中心から自社ブランド開発へと業容を拡大中の梶田も、取り組みが功を奏している1社だ。特に海外では「挑戦者として新しい試みがしやすい」ということで、新たな柱に育ちつつある。

前記した福光屋は、早くから東京都心に直営店舗展開を進めてきた。来店客は8割以上が女性。「彼女たちの情報の伝達力は高いため、日本酒の正しい知識をしっかり伝えられることは大きな強みになっている」と言う。同社は日本酒以外にも、発酵食品や化粧品の製造などへ事業を多角化しており、複数の柱を持つことも危機対応力の高さにつながっている。

第5巻では黒龍酒造、西酒造、勝沼醸造と、日本を代表する素晴らしい酒造メーカーが登場するが、いずれも「自らファンづくりをしていくこと」をテーマに掲げる。特約店・販売店とは今まで以上によい関係を続けながらも、自分たちでも直接声を届けていく場を広げていきたいと。その方法案として、酒ツーリズムによる交流機会拡大も重要な手段の一つに置く。

SNSの活用を重視する企業も増えている。印象的だったのはこれまで「SNSは一切しない」と公言していた箔一（第1巻掲載）の浅野達也社長。「経営者ではなく会社のブランドが先に立つようにしたい」「創業者である会長と個性がぶつからないようにしたかった」などが避けてきた理由だが、SNSによる応援で窮地を脱した飲食店のニュースなどを見て、考え方が変わった。「自分たちは、ここまでお客さま一人ひとりと関係性をつくれていなかったのではないか」と、Facebook、Twitter、Instagram、Blogをまとめてスタートしたのだ。「今までは当社のことを『金箔ソフトの会社』などと断片的にしか知らなかった人も多く、幅広い角度から情報を発信することで会社の全体像が立体化されて伝わる。その効果は大きいと思いました」

商品の持つメッセージ性を大切にするのは、ひよ子本舗吉野堂（第4巻掲載）の石坂淳子社長。さまざまな思いや温かさを包含する「ひよこ」ならではの魅力を生かし、それをコミュニケーションツールとして、「人の心の動きに合わせて、伝え方を変えていきたい」と言う。

## 出番を待っているアイデアがどれだけあるか。すぐに実現する力を持つか

今回のコロナ禍と向き合って、あらためて自社の強みとして感じたことを事業面から聞くと、「必需品」「最先端技術」「富裕層向け」などのキーワードが多く挙がった。

「必需品×最先端技術」の代表例がナミックスだ。「エレクトロニクスの世界は、今後100年先もなくならないと思っています。そのなかで絶えず進化を続けていく。直近なら電気自動車の開発が活発で、コロナ禍でもタブレットの売れ行きが伸びている。そういった市場の変化を

しっかり捉えれば、新しい材料を開発するチャンスはたくさん出てくるはず」と小田嶋壽信社長は語る。景気の如何を問わず、健全な企業なら将来の開発投資を続けることは必須。であれば、より最先端の独創性高い技術を持つことで、必要とされる場面は繰り返し出てくると。

池田屋が手がけるランドセルも、毎年一定の数量が見込める必需品だ。自粛期間は休業を余儀なくされたが、それによって需要がなくならない（販売機会を失わない）商品性と高いブランド力が強みで、営業再開後は非常に好調。今年もすでに予定数完売の見込みだという。

そして最も明快な必需品が日常の食だ。今回もケンミン食品、満寿屋商店、植田商店などいずれもが、「食を扱う事業の底堅さをあらためて感じている」と口を揃えた。ただこれらの企業は、単に食品を扱っているからだけではなく、「独自性の高い商品」「強いブランド力」「地域一番店」などの強固な強みを持っているからこその優位性といえるだろう。

藤森商会の事例も興味深い。かねてからテイクアウト率が4割と際立っていたが、コロナ禍でその割合は6割強にも上り、店頭での売上げ減をほぼカバーしたという。培ってきたオペレーション力の高さで、急速なニーズの高まりをしっかりとつかむことができたのだ。

「富裕層の消費はコロナ禍でも旺盛で、逆に売上げは伸びている」と語るのは、ホソカワコーポレーションの細川恵多社長。ただし同社が提供する車は、単に高級車ではない。オリジナルを究めたカスタムの領域であり、マニアの心をがっちりつかんでいるのが大きな強みだ。

コアなファンを持っている強みは、加島屋も同様だ。需要の多くは贈答品であり日常食とはいえないが、丁寧なモノづくりと地道な口コミで広がってきた底堅さがある。近年は個食対応のデリ製品の販売を拡充。ブランド力の高さを生かし、顧客の裾野拡大を進めている。

「どんな環境下でも、先行投資や商品開発を粘り強く続けていくこと」は、モノづくり企業における共通のミッションだ。コロナ禍でも逆行高を続ける企業からは、「世に出すタイミングを計っている商品やアイデアが潤沢にある」という話がよく出る。ナガオカグループもその象徴的な例だ。長岡香江社長の就任後、新ブランド・新商品の発表のスピードを加速度的に上げており、ヒット商品を連発。商品化が追い付かないほど、次なるアイデアがあるという。

そのスピード感ある商品化で効果を発揮するのが、日本のモノづくり企業のよさとして挙がる一貫生産体制の仕組みだ。コロナ禍対策用に開発した、桂記章の「マルチタッチツール」はまさにその好例。企画から発売までの圧倒的な速さで、ヒット商品に育てている。

これまで多くの事例を挙げてきたが、究極的には「コロナ禍で社会が変わっても元に戻っても、どちらにも対応できる会社にするだけ」の言葉に収れんされる。見据えているのは本質的なもの、本来あるべき姿。その愚直な姿勢が強い会社をつくり、永続的な価値を持つ。本書冒頭で、鈴与グループの鈴木与平会長が語った「ガラス細工」という例えは、そのはかなさだけでなく、時代を超えて受け継いでいくべき「輝き」をも表しているといえるだろう。

**[編者]**

**ダイヤモンド経営者倶楽部**

日本の次世代産業の中核を担う中堅・ベンチャー企業経営者を多面的に支援する目的で設立、運営されている。現在の会員数はおよそ630社に上る。

〒104-0061
東京都中央区銀座4-9-8 NMF銀座四丁目ビル3F
電話 03-6226-3223
http://www.dfc.ne.jp

担当　北村和郎（kazu@dfc.ne.jp）

**レガシー・カンパニー5**
――世代を超える永続企業　その「伝統と革新」のドラマ

2020年10月27日　第1刷発行

編　者――ダイヤモンド経営者倶楽部
発行所――ダイヤモンド社
〒150-8409　東京都渋谷区神宮前6-12-17
https://www.diamond.co.jp/
電話／03･5778･7235（編集）　03･5778･7240（販売）
装丁/本文デザイン　―ヤマダデザイン
編集協力――安藤柾樹（クロスロード）
製作進行――ダイヤモンド・グラフィック社
DTP　―――インタラクティブ
印刷・製本―三松堂
担当―――今給黎健一


ISBN 978-4-478-11196-3